精英力
ELITE POWER

Pearson

有效沟通七大黄金法则

化解冲突

【英】路易莎·温斯坦◎著
（Louisa Weinstein）

王昭昕◎译

中国出版集团　现代出版社

书　评

清晰、开放、真诚和直接的沟通是解决冲突的唯一方法。本书是人们必不可少的读物。我大力推荐!

——伊凡·米斯纳博士

国际商业网络(BNI)创始人,《纽约时报》畅销书作家

如果我们将冲突视为僵局,那么调解就是化解僵局的艺术和科学。调解是身处冲突之外的人利用广泛的、非正式的对话解决问题。路易莎·温斯坦总结出了一本优秀的指南手册,解释获得调解能力和技巧的方法。本书适用于所有人:调解员、律师和冲突当事人。书中的案例分析也非常具有学习价值。阅读本书,你将获得化解冲突的全新技巧,对调解产生新认识。

——肯尼斯·克罗克

《对立之舞:探索调解、对话和冲突解决系统》作者

本书将成为雇员和雇主的宝贵资源。书中以案例分析为论据，完整阐述了冲突解决的过程。所有企业都应为员工提供此书！

——阿拉斯泰尔·威尔逊
社会企业家学校总裁

本书不仅可以让人们学习到化解冲突的专业技巧，也能够提高人们在日常工作环境中处理矛盾的能力，是管理人员和专业人士的得力工具。

——辛妮德·布罗菲
MSB 总经理

关于本书

你将从本书中收获什么

本书的主要目标是帮助你和你周围的人在日常冲突中获得成长，避免冲突破坏你的工作或人际关系，避免发生不得不通过法律途径解决冲突的事情。

具体来说，通过本书，你将学会如何将工作和个人生活中遇到的各种冲突转化为优势。

冲突可以被简单描述为持续性的不同意见。当我们以这样的视角看待冲突时，我们就更容易接受它的存在，承认它是生活的一部分。当我们仔细思考"公正"的意义时，我们会发现，在不同条件下，"公正"对于每个人的意义都略有不同。当你分解冲突的各个组成部分，就会了解到它是如何产生、如何影响我们并施加后续影响的。通过分解，你在生活、组织或社团内对冲突的掌控能力就会越来越强。

本书将讨论冲突如何制造麻烦以及化解冲突的七大原则分别在哪些环节最有效。本书重点关注沟通困难或关系破裂的情况，特别是意见不一致的情况。符合这一描述的情况有许多，从困难的对话和谈判，到根深蒂固的语言矛盾及文字矛盾，以及最终的法律官司。

本书不会涉及婚姻破裂和因此产生的离婚调解或家庭调解，不过这些原则也适用于这些情况。

虽然本书提到的信息和方法也可供外国人使用，但你仍需要了解本国司法体系的要求和实行办法，尤其是司法机构和程序的区别。

本书的重点是寻找解决或结束冲突的方法，帮助每个人学会与冲突和平共处。检验冲突已经解决的标准是，你不再夜不能寐或解决方法持续有效。冲突是否化解，总是取决于冲突相关人员是否做到以下情况：

· 达成正式协议或非正式协议

· 收到道歉

· 协议规定如何重新建立关系

· 能够冰释前嫌

· 停止争论

本书的终极目标是帮助冲突双方和调解方，在困难的局面下，无须损坏声誉和尊严成功化解冲突。

冲突往往具有典型的周期性。本书将分析这一周期内的每个阶段，帮助你了解在各个阶段应该怎样做。无论是困难的对话谈判，还是根深蒂固的僵局，我们都会为你提供解决方法，帮助你在每个阶段取得满意的结果。

重要的是，你能够在谈判中获得积极的结果，避免个人关系或商业关系破裂，尽量避免进入法律程序。

你将在本书中获得一份详细的流程图，引领你在生活中收获幸福，在职业领域取得成功。无论你处于什么阶段，本书的三个部分都能为你提供基本解决方法。

本书第一部分将帮助你了解冲突如何发生以及化解冲突的基本原则。了解这些知识后，你可以更加轻松地面对冲突。具体来说，这一部分将为你详细解释冲突解决方法的理论，为你提供解决多数冲突的关键方法——正确的思维模式。这也是你实践冲突解决方法的基础。

本书第二部分介绍了应对和解决冲突所需的方法、技巧、工具，以及如何建立正确的思维模式。具体来说，你将学习如何改变方法，以应对困难对话和谈判，同时能帮助身边的人做出同样的改变。

本书第三部分将帮助你充分利用调解（如有需要）作为冲突化解的工具。调解并不代表早期化解冲突失败，在某些情况，往往是复杂情况下，调解才是合适的解决方法。调解能够帮助你掌控化解冲突的过程，并将其变为有利工具，而不是成为它的受害者。

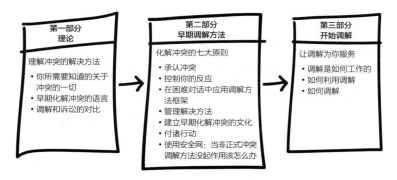

第一部分 理论	第二部分 早期调解方法	第三部分 开始调解
理解冲突的解决方法 · 你所需要知道的关于冲突的一切 · 早期化解冲突的语言 · 调解和诉讼的对比	化解冲突的七大原则 · 承认冲突 · 控制你的反应 · 在困难对话中应用调解方法框架 · 管理解决方法 · 建立早期化解冲突的文化 · 付诸行动 · 使用安全网：当非正式冲突调解方法没起作用该怎么办	让调解为你服务 · 调解是如何工作的 · 如何利用调解 · 如何调解

　　本书的重点始终是为你提供七大原则背后的工具和战略解决方法，帮助你：

· 建立清晰且有条理的战略，与客户、同事、合作伙伴及其他"对手"谈判，前瞻性地处理不同意见。

· 领导并指导他人处理困难对话和谈判。

· 发展现有的调解技巧和谈判技巧。

· 在高度紧张的情况下有效管理自己的行为和情绪。

· 探索并实验新的调解技巧和冲突指导技巧。

· 理解团队成员的不同沟通风格，管理多元化团队。

· 改变根深蒂固的局面和关系，开展对话，发现解决方法。

· 在工作中创建以解决方法为核心的文化氛围。

· 使用调解，避免诉诸法律手段。

你周围的人将从本书中收获什么

在出现分歧或冲突时，我们往往希望对方做出改变。我们关注的是他们应当如何改变、为何应当改变，以及如何迫使他们改变。但是这种想法经常激化矛盾，甚至让情况变得更糟。

通过在实践中应用理论，谨慎耐心地运用解决方法，你会发现对方的回应方式正在发生变化，紧张的情况也会开始缓和。所以与其担心对方不愿意改变，不如在不破坏诚信、价值观或原则的前提下，通过改变自己的行动扭转局面，给予他人同样的转变机会。

目　录

PART Ⅰ　理论：理解冲突解决方法

PART Ⅲ　成功应用民事调解、商业调解或雇佣调解

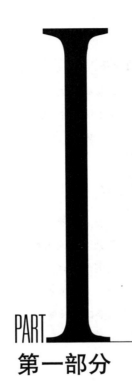

PART

第一部分

理论：
理解冲突解决方法

| 第一章 |

你需要了解的关于冲突的一切

理解和解决冲突的关键，是习惯冲突经常发生，相信我们总能解决冲突。我们无须为了习惯冲突而去喜欢冲突，只需与其和谐相处。虽然冲突令人感到不适，但我们仍要找到方法，承认并接受我们的环境充满冲突。这并不是说我们不能设置安全界限，保证自己的安全。正相反，在安全界限内我们允许冲突存在。

　　当我们压制或否认冲突时，就像给烧开的锅盖上一个锅盖，冲突只会愈演愈烈。当我们接受冲突的存在、开始适应它，不再以此为耻或歧视别人，我们就会更加客观地认清形势，也更有可能解决冲突。虽然这会令人感到不舒服，却也更加现实，通过这样的视角我们就能以更实用、更平和的方式解决冲突。

恐惧，及其解药——玩耍

神经科学家简·潘斯凯普（Jan Panskep）发现了推动人类发展的七种本能，也被称为"主要情感系统"。这七种本能是寻找、愤怒、恐惧、恐慌、关怀、享乐 / 欲望和玩耍。

"寻找"是推动我们探索周围环境以满足自身需求的本能，有些人认为寻找是最强大的本能。寻找促使我们早晨起床、喝咖啡、吃早餐，选择要穿的衣服。这一本能引领我们觅食、探索、实践，满足我们的好奇心，期待结果，享受探索本身的美好而不是享受取得的成果。

因此在冲突中保持寻找的本能，你就可以在谈判中找到可行且创新的选择。寻找的本能还能刺激多巴胺的分泌，为取得理想的谈判成果提供能量和动力。

当恐惧或恐慌的本能占据上风时，寻找本能就会关闭。触发恐惧或恐慌本能的冲突有许多种：与商业合作伙伴的冲突，放弃投资机会，危及企业发展的错误，导致管理者和下属产生矛盾的管理方式或绩效问题，影响家庭、财务、感情保障的邻里矛盾或业主矛盾。触发这种本能的不仅有担心客户官司败诉的专业咨询师，还包括他们的律师团队和商务团队，官司的事实损失或潜在损失都会为他们带来不可避免的后果。恐惧或恐慌一旦占据主动，就会迅速蔓延，难以摆脱。

科学家告诉我们，当我们产生恐惧或恐慌情绪时，会被剥夺事实或潜在的社交权利，所以我们与他人沟通的能力，尤其是与他人谈判的能力会受到破坏。我们寻找的本能也会变得迟钝，导致我们无法找到有效的解决方法。因此，哪怕我们不想与谈判对手建立关系，只想获得划算的交易，我们的表现也会大打折扣。

当我们处于冲突中时，我们需要摆脱令人感到恐惧或恐慌的交谈方式和倾听方式，让寻找本能发挥作用，只有这样我们才能找到解决方法。被证明有效的方法之一就是玩耍。因为对于人类和其他动物而言，建立和测试关系的重要方法就是玩耍。在严肃的商业场合、工作场合或深陷矛盾的个人情况中使用"玩耍"一词，或许看起来有些奇怪，但是当我们思考玩耍的实际意义时就不会这样想了。

在这些情况下，"玩耍"代表富有创意，准备好犯错误——尝试不同想法，但不必纠正那些错误。在网球比赛中，为了赢而打和为了娱乐而打是截然不同的。玩耍的时候，我们会减轻需要实现某个目标的压力。相反，压力会令人恐惧或感到不舒服，因为它会使人产生空虚感。

事实上，我们更倾向于用故事，或是对冲突产生的焦虑和兴奋填补这种空虚，而不是体验空虚，这也令我们更能与之和谐相处。不过空虚感也十分重要，因为它能够为新想法、新的解决方案或新观点创造空间。我们开始关注眼前的问题，而这正是产生不同结果的原因。

人类已经取得了进步，然而推动人类进步的并非清醒的意识、责任感和谨慎的态度，而是人类顽皮、叛逆和幼稚的天性。

——汤姆·罗宾斯

多数时间我们都处于冲突之中

冲突带有负面含义，因此我们很多时候不愿意承认自己正在面对冲突，但是接受自己处于冲突之中是解决问题的关键。

冲突是团队之间、个人之间等关系中产生的争论或分歧。这可以是明显的言语冲突或肢体冲突，也可以是一系列事件，但它们都是从相对不重要的事情发展起来的。其中的原因往往是怨恨、微小但持续的愤怒情绪，由于缺乏沟通，这些情绪被忽略，于是冲突迅速加剧。

冲突包含以下情况：

· 政治家和民众之间的分歧

· 经理和员工之间的不同意见

· 邻里间关于噪声或边界墙的争论

· 董事会成员之间关于公司战略方向的分歧

· 孩子和父母之间关于行为或界限的争论

区分冲突和冲突造成的后果十分重要，其中冲突造成的后果包括：

- 内战或骚乱
- 暴力行为
- 抑郁、焦虑和精神疾病
- 商业损失或企业破产
- 关系破裂
- 沟通无效

不接受冲突或不解决冲突并不会令冲突消失，而是会改变它的性质和影响。这样通常会令冲突升级，比开始或设想的局面要严重得多。

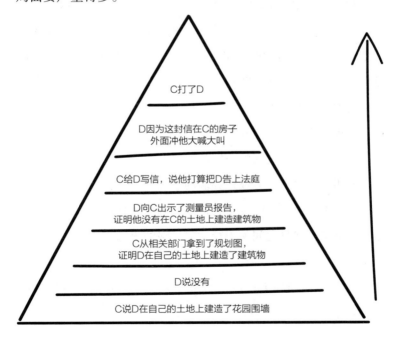

是否严肃对待分歧或争论很大程度上取决于主观意愿，决定因素包括：

· 争论或分歧持续了多长时间
· 还要在争论或分歧上花费多长时间
· 在争论或分歧上已经产生的费用和预计后续产生的费用
· 争论或分歧造成的、被认为造成的或可能造成的身体伤害、情感伤害或其他方面的伤害

个人经历很容易对冲突过程造成影响。

首先，讨论和阐明误解和感受的时间早晚会对冲突的解决或发展产生巨大影响。如果缺乏沟通，人们表达的想法就不够明确，我们就会想当然地认为自己了解其他人的想法、感受或做法。我们可能判断正确，但也可能遗漏了真实的细节。当我们随后根据自己的判断采取行动时，往往会令冲突加剧。

【案例学习】

卡尔认为唐纳德故意侵占自己的土地，他移动自己的栅栏是一种挑衅行为。当卡尔有了这样的想法后，便开始留意唐纳德的行为。他曾经看到唐纳德对自己的妻子大喊大叫，而且唐纳德的体形十分高大（唐纳德是一名举重运动员并曾经在部队服役），因此卡尔认为唐纳德具有攻击性。

卡尔不想显得软弱或让自己置于危险中，于是他请来了律师。在他们的一次口角中，为了确认唐纳德一定会还手，卡尔打了他。

事实上，被移动的栅栏边界存在争议，他们完全可以收集证据，就边界的原有位置和如何确定位置达成一致。暴力事件让两人的关系急剧恶化，以至难以缓解，原本可以解决的边界矛盾，因为卡尔的侵犯行为变成了个人攻击并造成了严重伤害。

其次，我们需要注意，日常生活中的冲突可以触发我们过去的痛苦经历或创伤回忆。如果我们没有化解这些痛苦，往往会在不知不觉中再次经历类似的感觉，做出类似的反应。我们可能会感到不堪重负，甚至行为失控，而这种行为并不与当前的情况相符。

【案例学习】

安娜贝尔的父亲是一家国际银行的董事长。安娜贝尔学习非常刻苦，成绩优秀。但是当她还是孩子时，父母总是告诉她，孩子的行为很重要，但意见并不重要。成年后，安娜贝尔发现，当自己被别人议论时，总会无法控制地感到难过和生气。她没有意识到，这其实都是自己对父母当年的态度做出的反应，这些情况触发了她儿时的感受。当意识到自己的情绪和这背后的原因时，她逐渐学会了控制自己的行为。

创建新机遇

多数人都十分清楚冲突的负面结果。但是我们经常忘记在解决冲突的过程中，其实可以将冲突转化为新的机遇。如果没有冲突，这些机遇根本不会出现，人们也不会想到这些机遇。这不仅是在困境中保持积极的态度，也是对解决问题做好充分的准备，积极寻找机遇。希望的种子总是孕育在困境之中。

【案例学习】

吉姆是一家投资银行业绩最好的交易员。当他的妻子生下宝宝时，他很担心频繁的加班会对家庭造成影响。于是他经常和上司讨论减少工作时间，或偶尔在家工作，这样可以减少出差，有更多时间陪伴家人。上司拒绝了他的提议，认为"这不是银行的工作方式"。

吉姆深思熟虑后对上司说，如果不能变通，他只好辞职。

最初他担心这个决定会让他失去一切，但最终他决定与一位老客户合作，开发交易平台，这就意味着他可以在家工作。后来银行请他回去，并为他提供了新的机会。

以上案例充分证明冲突能够转化为机遇：

· 帮助人们重新评估他们的愿望和想法

· 迫使人们产生具有创意的想法

· 计算并承担必要的风险

· 提供有价值的反馈

· 主动挑战现状

· 从错误中汲取经验

解决方法和重新获得控制权

人们常常发现，自己在与别人产生分歧后莫名其妙地身陷官司。我们往往称其为"突发综合征"——事情突然急转直下，其实这是因为许多微小的问题没有得到解决，不断积累而造成的结果。

分歧和指责一旦开始循环就很难停止，就像山上的一个雪球因为重力不断滚落一样，且越滚越大。最终我们会感到失控，成为它的受害者。

只有有意识地做出选择，才能改变事情的走向。这种选择就像在黑暗中摸索前进，因为当事人对未来一无所知。很多人不喜欢进入未知的世界，因为那里存在着许多风险。其中包括做出努力但问题依旧没有解决的风险、变得脆弱并被指责的风险、被操控的风险，以及无法提高攻击力的风险。这正是我们长期容忍争端和分歧肆虐的原因，因为我们认为这种选择是"安全"的。

当我们选择解决问题时，我们收回了对形势的部分控制权或是全部控制权，阻止它在原来的道路上愈演愈烈。在冲突的整个过程中，我们可能需要不止一次做出这样的选择，这甚至可能导致以后会做出斗争的决定。但是，选择解决问题并回顾这一选择，我们得以保留选择的权利并拥有更多可能的结果。只有这样，我们才能对选择更有觉知，降低被冲突左右并成为其受害者的可能。

| 第二章 |

早期化解冲突的语言

我们在冲突中使用的语言决定了冲突是否会愈演愈烈。这就是"我们面临的是一场真正的战斗"和"我们需要想想看如何解决问题"的区别。具体来说，我们使用的语言需要在承认问题和冲突升级之间取得平衡。

时间是化解冲突的关键所在。越早处理冲突，解决方法的选择和创意就会越多。同时，早期冲突或分歧会持续发展，所以我们需要避免冲突升级，演变成不可控制的局面。

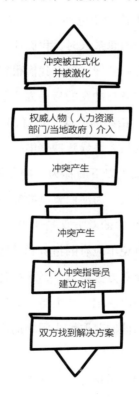

个人冲突指导员

虽然本书讨论的冲突早期的解决方法和技巧都是基于调解的原则，但本质上还是重点关注个人冲突指导员。这是个人和管理者在处理早期冲突时可以扮演的角色。本书为正在进行的冲突提供了独特的、省时的且可持续使用的个人冲突解决方法，提出了可持续发展的早期冲突解决方法的概念。

当我们在日常生活中谈论冲突时，我们倾向于彼此纵容。当朋友或同事向我们抱怨某人时，我们往往对他们表示同情和支持，而不是帮助他们处理问题。我们很容易被带入剧情，无意识地支持朋友或同事与冲突的另一方斗争，证明他们是"正确的"而另一方是"错误的"或"不好的"。因此，我们还可能决定与另一方成为敌人，导致冲突继续发展并升级。

个人冲突指导员（以下简称为"冲突指导员"）是在冲突中为个人提供帮助的人，为他们解决冲突提供方案。冲突指导员的任务是帮助冲突中的双方保持平衡、防止冲动行为的发生。冲突指导员将避免不应有的指责和羞辱行为，以免火上浇油。他们会指导冲突双方分析形势，承担各自的责任，在冲突过程中采取行动或做出决定。冲突指导员作为公正的拥护者为冲突双方服务，帮助他们获取解决问题的方法，而不是使双方深陷僵局不能自拔。

当我们在冲突中提供指导时，并不需要成为一名有资质的指导员，只需采用那些有资质的指导员使用的某些思考方法。
这些方法包括：

- ·支持双方
- ·在真实、信任和开放的基础上建立对话
- ·帮助双方为自己的生活承担责任
- ·相信双方的能力和潜力
- ·不评判、不给予建议

　　当我们提到被指导人时，我们指的是接受以上非正式指导支持的个人。

　　在现实情况中，个人冲突指导员可以是经理、团队成员、住房事务官员、本地社区成员、学生等。冲突指导员何时、何地，以及如何提供支持，取决于不同的场景（社区、工作地点、校园）。

　　当冲突的一方请求别人"指导"他们解决冲突时，冲突指导员和被指导人有时是非正式关系。接到这样的请求后，我们往往需要为个人冲突指导员的指导行为设置边界。边界包括冲突指导员提供支持的范围，保密信息的范围，冲突指导员和被指导人的沟通方法，如果冲突指导员的调解收不到效果该怎么办，冲突指导员的报酬怎样计算，是否免费，等等。

　　冲突指导员的工作如何执行取决于环境以及冲突当事人。提供冲突指导员的机构和团体也需要说明是否能够提供指导，

他们的角色是什么，如何获取指导等。冲突指导员可能是冲突早期解决方案的一部分。本书的第九章"原则5：建立早期化解冲突的文化"将会详细说明以上流程和操作。

通过学习个人冲突指导员的思维模式，我们能够创建有效解决日常冲突的环境。如此我们便不再只关注指责和羞辱，也不再需要依赖权威人物告诉我们如何去做。在这样一个自主且有建设性的环境中，我们可以从分歧和错误中学习经验，开阔视野。

协助与解决

在所有个人冲突指导中，冲突指导员的目标永远不是解决冲突。换句话说，他们不会试图解决冲突或提供解决方案，而是帮助冲突双方找到适合他们自己的方法，推动解决冲突的进展。另外，我们为冲突引入的信仰体系可以增加或减少找到解决方法的可能性，还会决定是否可以创建早期调解方法。

为有效解决冲突，我们不仅需要关注语言的影响，还需要留意我们语言背后的观点、评判和信仰。

在我们协助解决问题时，我们站在后面，不直接参与达成一致的过程或找到解决方法的过程，只在这一过程中为当事人提供协助。换句话说，我们推动进程的发展，推动协议或解决方法的产生。通过推动，当事人可以自己努力找到解决方法。我们这样做，是因为坚信冲突的当事人能够自己找到答案，赢得挑战，因为他们是最了解问题或冲突的人。推动者只是充当了代理人的角色，他们只是提供支持，帮助当事人找到解决方法。

当我们解决冲突时，我们是为冲突提供解决方法，让冲突消失，同时，这也为冲突的另一方消除了麻烦。但是当我们这样做时，信仰或视角的限制让我们假定自己知道答案，或断定根本没有答案。这些限制包括"我比他知道得多"，"他们永远无法获得自以为能得到的"，或"他们做不到"。

我们还会产生紧迫感——必须马上处理这个问题。在必须找到"正确"解决方法的压力下，我们的紧迫感往往迅速转化为恐惧或愤怒。这样很可能导致我们无法找到适合的解决方法，因为可行的解决方法会越来越少。

当我们解决问题时，我们可能会关闭当事人的寻找本能，触发恐惧或恐慌本能。这是因为当我们解决问题或告诉他们应当怎样做时，我们就剥夺了他们经历这一过程的机会，这等于告诉他们，他们无法自己解决问题。

推动解决问题的进程或尝试不同方法可能会与指导员直接解决问题取得同样的结果，但是，推动的作用在于帮助双方探索问题，打开无限可能。这样做还能引导出双方真诚、不相互指责的对话，直指问题核心，确保问题不再出现，而不是掩盖问题。

广泛倾听和提问

为使玩耍或创意成为可能，我们需要通过广泛倾听和提问为它创造空间。本书第六章"原则3：在困难对话中应用调解方法框架"中的第十一步和第十二步会有详细说明。

如果我们深刻且广泛地倾听对方，可以避免许多冲突。也就是说我们不仅要倾听对方的措辞、观察他的身体语言、理解他的暗示，还要留意他没有提到的内容或忽略的内容。

广泛倾听，要求我们具有同理心，也就是说收起我们评判的天性。如果我们动辄评判，就无法拥有玩耍的心态。人们只有在讨论的过程中被别人听到并感到安全，才会尝试或探索解决方法。

收起评判天性意味着，我们需要承认自己在日常生活中非常喜欢做出主观判断。我们会评判是否能够信任某人成为朋友，是否可以与他分享秘密或让他承担一份特定的工作，在这一过程中，我们就在评判他们的能力、价值观，以及他们的想法。

当我们意识到什么是对他人做出评判时，哪怕是最不喜欢评判的人也会发现自己每天都在这样做。当你阅读本书时可能也在对我做出评判。判断和评判对于做出正确的决定十分关键，但它们也可能阻碍广泛倾听。

就像广泛地思考能够帮助我们打开无限可能一样，广泛倾听和提问也能帮助对方看清问题所在，探索不同的视角、可能和选择。广泛倾听和提问不会让倾听者的想法限制讲述者的思维，事实上，讲述者也可能突破自己的思维限制。广泛倾听和提问可以激发具有创意的头脑风暴，提出从未考虑过的解决方法。

| 第三章 |

调解：
什么是调解以及为何调解有效

虽然书中提供的多数解决方法是为了避免进入调解流程，但是调解这一主题始终贯串本书。为什么？因为调解过程中用到的方法和原则，也可以用于未升级的冲突或双方处于争执时。调解的原则催生了解决方法，也铸就了七大原则的基础。

调解的原则以及它们十分重要的原因

调解是自愿、保密的过程，公正的第三方虽然并不提供建议或观点，但他们会为冲突双方提供支持，帮助他们找到解决方法。

在正式调解中，指定调解员将严格遵守调解原则，因为调解原则是调解的基本要素。当事双方需要接受并为之承担责任。调解原则也是调解员建立信任和保持独立性的关键，而信任和独立性正是当事双方找到有效解决办法的决定因素。调解员调解过程中需要坚持这些原则。

在非正式调解过程中，调解原则的作用极大，越好地执行这些原则，就越有可能获得有效的解决方法。但是这些原则往往很难践行，部分原因是调解的过程中会受其他因素影响，还有一部分原因是非正式调解员、个人冲突指导员或冲突解决代理缺乏经验。

其中原则 4 和原则 5 会详细说明非正式调解员、个人冲突指导员和冲突解决代理的角色和界限。例如，当我们以非正式的方法调解同事间的冲突时，我们不仅需要忠于公司，可能还会担心自己无法严格遵守保密原则，不得不泄露某些机密信息。有些人可能感觉接受非正式调解是自己的义务，并不是自愿行为，不接受调解将被视为没有合作精神。

同样，非正式调解员可能会对当事双方施压，希望他们接受自己认为正确或代表自己利益的决定。非正式调解是一项需要平衡双方的行为，需要非正式调解员有选择地应用调解原则，在遇到困难时寻求帮助。虽然如此，但是冲突双方都应当遵循正式调解采用的原则，这些原则有助于取得令人满意的结果。

　　调解过程的自愿原则意为双方需要坐下来，以某种方式参与寻找解决方法的过程。做出这一选择的原因或许是他们认为必须这样做，也可能是他们希望采取建设性的方法解决问题，原因并不重要，选择接受调解是否完全自愿也不重要，但是对这一选择付出的努力决定了谈判的质量。

　　当我们不得不做某事时，往往会认为因为没有其他选择，所以无须为最终结果承担责任。我们的心理状态就变得像儿童一样，潜意识里认为迫使我们做出选择的人在扮演严厉父母的角色，所以我们会表现出类似儿童的行为。我们不会全力以赴，推动进程发展的能力也随之降低，因此不能做出正确的决定。

　　如果我在他人的逼迫下参加调解过程，会觉得自己是个受害者，很可能不会积极地寻找解决方法。同时，我可能会反对调解过程和调解结果，因为这不是自己的选择，我会认为自己的反对合情合理；作为控制局面的一种手段，我可能还会破坏调解过程。

　　这能够帮助我们审视在类似场景中年轻人的行为，因为他们会以更夸张的形式表现我们脆弱的、儿童般的天性和行为。

我们将在原则 2 "控制你的反应"中详细说明这些行为。

【案例学习】

在本书的写作过程中，我与几个年轻人一起工作，他们在儿童保护方面遇到一些问题。他们看起来很强硬，但其实也是脆弱的。我教他们将个人冲突指导的技能作为领导技能使用。具体来说，课程教会他们如何成为建设性的领导，如果他们可以将冲突转化为机遇，他们的经历还可以令他人受益。

我们研究了他们对冲突的自然反应。在这一过程中，我为他们设置了这样的场景：如果某位老师冤枉了你，并因此将你留校观察。你会怎么做：

· 尽管被冤枉，还是留校观察。
· 不会留校观察。
· 留校观察，但是声明你认为这样不公平。
· 要求与老师谈谈，询问为什么被留校观察并要求老师拿出证据。
· 扰乱课堂秩序。

绝大多数的年轻人选择扰乱课堂秩序。当我问他们原因时，他们说反正也会受到惩罚，不如将错就错。

这个例子非常清晰地说明，虽然我会参与调解，但是只要我感到自己是被迫的、是受害者或在某种程度上感到无能为力，我就会认为自己的破坏行为是合理的，直到我能够自己选择参与调解过程才会停止破坏行为。

若是自愿参与调解，我们就拥有了做出选择和决定的能力，会感到自己充满力量。这些选择包括：

· 如果我不希望解决这个问题，我和对方下一步要怎么做？
· 对我来说什么才是重要的？
· 我需要做出决定吗？
· 我准备好妥协了吗？
· 我准备好考虑妥协的选择了吗？

哪怕在调解前，这一过程也能让当事双方停下来思考他们面对的问题，重新思索他们的选择。他们通过看某人是否自愿参与调解，然后可以自主决定调解进程发展的方向，还能让他们重新掌握控制权。这样做的结果是，他们很可能同意调解过程中做出的所有决定或采取的行动，获得原本从未考虑过的解决方法。

保密性可能是调解过程中最强有力的因素。具体来说，保密原则适用于调解员和当事双方的对话。

为了遵循保密原则，调解员必须做到以下几点：
· 解释并保证，除非得到当事人的个人授权，否则他们不会透露单独会谈中获得的任何信息。

- 确认当事双方是否同意与调解员的谈话保密。
- 如果提供信息的当事人同意公开信息，请获得公开信息的特定授权。
- 确保公开当事人同意公开的准确信息——把信息写下来，读出来，并再次确认可以公开。
- 确保当事人所在的会议室具有隔音功能。
- 设置清晰的边界，以防违反保密原则，例如，调解员在与一方当事人的对话中，他可能会提到另一方当事人告诉过他们的特定信息。
- 在当事双方签署的调解协议中加入保密条款。
- 不向第三方透露与调解有关的任何信息，尤其是当事人的姓名或他们的公司名称。

　　保密原则为沟通打开了大门。人们可以相对自由地对独立第三方说出自己的想法，不必担心信息泄露或因此承担责任。在保密原则的保护下，当事人更愿意承担他们在问题中的责任，不会害怕被误解或受到惩罚。他们还可以模拟冲突的场景，不必做出任何承诺，包括退让底线。这样人们可以解决真正的问题，而不是解决担心发生的事情。
　　通过创造保密的环境，人们得以讨论并思考敏感信息，而不是将其掩盖或忽略。人们拥有了思考这些信息的空间，可以考虑如何应对这些信息带来的结果。

【案例学习】

乔和山姆是大学同学，几年后，山姆希望乔投资他的公司PROPCO，还希望乔能够引荐几位潜在投资者。二人协商后同意，如果乔介绍的投资人帮助公司获得投资利润，乔就可以得到一部分佣金。但后来其中有一项投资利润，山姆没有向乔支付佣金。于是乔威胁要将山姆告上法庭，他怀疑山姆还故意隐瞒了其他投资利润，没有向他支付应得的佣金。乔还希望确保山姆将来按规定支付佣金。

在调解员与乔的保密对话中，事情逐渐变得清晰，原来PROPCO 没有盈利并且面临倒闭的风险。山姆向调解员承认，他确实应该向乔支付那笔佣金，但是除此之外他没有隐瞒任何其他投资利润。同时，他也告诉调解员他的钱不够，所以只能向乔支付部分欠款。山姆正在努力与乔介绍的一家公司达成交易，如果交易成功，他就能还清欠乔的钱。然而如果那家公司得知 PROPCO 现在岌岌可危，他们很可能会放弃投资。

在乔与调解员随后的保密对话中，乔说他并不是真的想把山姆告上法庭，只是希望拿回应得的钱并了解事情的真相。

在与调解员谈话之后，乔咨询了法律专家，并告知山姆对调解员说过的话。与调解员的保密谈话给了山姆重新思考问题的机会，他了解了在向乔坦白前，自己面临的风险和选择。

虽然透露真实信息令山姆感到难堪，对他也是一个潜在风险，但是这为对话奠定了真实的基础。最终结果是山姆和乔达成一致，乔帮助山姆完成与投资人的交易，山姆对乔公开公司的发展情况。

保密谈话只是找到解决方法的原因之一，却是十分重要的原因。它帮助山姆敞开了心扉，与乔一起找到了可行的解决方法，为建立他们的共同利益奠定了基础。

调解是一个结构鲜明的过程，而调解员只是执行这一过程的人。这一点非常重要，因为只有关注过程而非关注调解员，才能将重点放在当事双方和问题上。我们经常将所有责任推给调解员，然后对结果表示失望。我们在调解的过程中重新掌握局面，利用调解员的优势，但并不完全依赖他们。这样能够为客户和调解员带来双赢的结果。

本书第三部分列举了调解过程的关键因素。

不允许独立第三方提供建议或观点有违常理，但这对于获得可持续的解决方法十分重要。调解员永远不可能像当事双方那样了解问题的详细情况，甚至还不及顾问了解得详细，所以他们不可能全面地审视问题。避免调解员获得的有限信息影响调解过程，才能让以下情况成为可能：

· 解决方法不会受限于调解员的知识。

· 调解员不会为自己提出的解决方法投入感情。

· 调解员能够关注可能实现的情况。

· 当事双方无须墨守成规或必须解决问题，他们可以思考

"非常规的"解决方法。

· 调解员可以反思全局，包括共同优先、共同利益和共同需求。

诉讼、调解以及其他解决争端的替代方法

虽然本书关注的是调解，但它只是多个"解决争端的替代方法"中的一种。"解决争端的替代方法"指的是替代诉讼的解决争端的方法，也就是进入法庭程序的另一种选择。这些方法包括仲裁、调停、调解、律师谈判和当事双方谈判。

诉讼

诉讼指的是起诉或打官司。除了一般的诉讼，本书还包括特别法庭起诉。当人们就某一法律问题必须做出判决时，使用诉讼最有效。诉讼可以引导人们探索并采取解决争端的替代方法。

如果你考虑诉讼，那么你需要：

· 了解你的案件：在何时、谁对谁做了什么？

· 准备好案件的支持证据（信函、银行对账单、合同），你的书面证据越有力，你的案件就越有说服力。

· 考虑听取法律建议并聘请律师。

· 准备好请求别人作为证人参与进来。

- 确定你是否有诉讼保险。
- 了解你的诉讼预算。
- 要明白虽然有些行为不道德，但并没有违反法律。
- 思考解决争端的替代方法。

诉讼的优缺点	
优 点	**缺 点**
· 证明当事人对待这一问题非常认真，愿意投入时间和精力申明自己的主张。 · 明确伤害是什么以及当事人认为自己应得的赔偿是什么。 · 明确双方立场，例如他们的想法和原因。 · 为人们提供陈述案件的机会，包括发生了什么，应该发生什么，为什么一方认为自己正确而对方是错误的。 · 有通过法律判断谁是谁非的过程。 · 强调问题的严重性。	· 在法庭上无法保证一定赢得官司。经验最丰富的专业律师，对于非常明朗的案件，胜算概率最多也只有七成，因为你永远不能完全确定将会发生什么。诉讼的费用往往超出主张索赔的金额时。当打官司的费用超出主张索赔的金额时，人们坚持诉讼的原因往往在于首先收回诉讼本身产生的费用。 · 在诉讼过程中，与相关人员交流和审查文件将占据大量时间。 · 诉讼可能具有破坏性，导致"诉讼压力综合征"。哪怕当事人没有受到太大影响，对于多数人来说，诉讼过程都会提高他们的日常焦虑水平，影响睡眠，影响健康以及和周围人的关系。 · 除了诉讼双方的关系外，诉讼还可能对其他商业关系产生不利影响。

如果你考虑在诉讼前调解，请牢记一件事，对方必须同意调解——调解员不会为了你迫使对方接受调解。你或许希望寻求法律建议并在以下方面进行微小风险分析：

· 如果上法庭，可能发生的最好和最坏的情况分别是什么。

· 上法庭需要多少费用。

· 司法程序需要花费多长时间。

· 你的胜算有几成。

· 如果打算达成协议，你的顶线和底线是什么。

· 如何保证调解达成的协议，例如由你的律师起草的正式书面协议得到执行。

请记住，你的律师几乎不能就以上问题给予确定答案，因为情况总是持续发生变化。哪怕是"非常明朗"的案件，也可能由于新信息的出现而变得复杂。但是，你的顾问将帮助你分析风险和利益。哪怕你已决定诉讼，在诉讼过程中这些问题也值得反复琢磨，这样你就能够更加明确，在司法过程中做出的决定可能带来哪些风险和利益。

当事双方往往在诉讼前或诉讼过程中提出调解或建议调解。由于可能发生的风险和时间压力，诉讼会让当事双方将精力放在解决方法上。正在进行的诉讼，其目的在于赢得官司，所以会加剧冲突。这是因为我们要不断地努力"赢过"对方，所以在个人层面上会与对方疏离，成为对手。包含调解流程的早期干预手段是停止这一过程的机会，避免冲突升级。

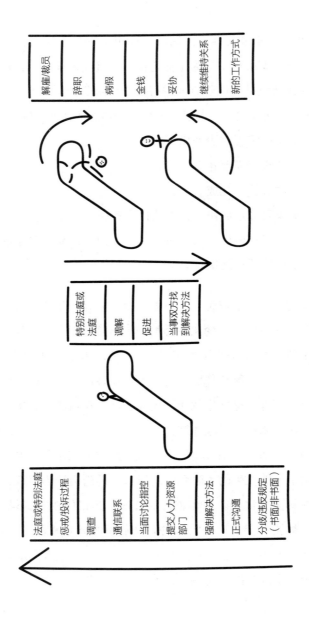

解雇/裁员
辞职
病假
金钱
妥协
继续维持关系
新的工作方式

特别法庭或法庭
调解
促进
当事双方找到解决方法

法庭或特别法庭
惩戒/投诉过程
调查
通信联系
当面讨论措控
提交人力资源部门
强制解决方法
正式沟通
分歧/违反规定（书面/非书面）

诉讼或者由诉讼带来的压力不是进行调解的必要条件。事实上,调解可以随时发生,形式也多种多样,可以是正式调解,也可以是非正式调解。因为调解的目的是帮助人们在冲突中获得期望中的结果。这种结果可以是金钱、他们认为的公正、重建工作关系或邻里关系的机会、结束某种关系的协议。这与法律程序不同,因为法律程序是根据一系列标准,决定谁对谁错。

调解和法律程序都很重要。在某些情况下,判断谁对谁错,让错误的一方承担后果十分必要。有时我们需要明确并构建自己心中的正义感。

仲裁

仲裁是在法庭外解决分歧的过程。它不像开庭审理程序那么正式,法官一般根据法律做出裁决。与法官不同,仲裁员会考虑其他因素,对问题展开更全面的讨论,不仅限于法律意义上的对与错。仲裁员会做出双方都同意履行的决定或司法意见。

调停

调停与调解类似,不过一般仅用于雇佣纠纷。调停员扮演的角色与调解员相似,但是更有可能提出和解提议——而调解员一般不会参与和解过程。另外，如果当事人聘请了法律代表，那么调停员只会与法律代表联系，不会联系当事人。

纠纷解决费用

纠纷解决费用的多少取决于：
· 解决过程开始的时间
· 纠纷的金额
· 纠纷的复杂程度
· 解决纠纷的过程
· 纠纷发生的地点

以下表格列举了在英国解决纠纷的费用范围。

金额 类别	5千英镑	1万英镑	10万英镑	50万英镑	100万英镑
调停	■	■			
调解	■	■			
诉讼		■	■	■	
仲裁		■	■	■	

需要注意的是，除了调停、调解或仲裁本身发生的费用，诉讼一行中列举的费用也可能出现在这些过程中。

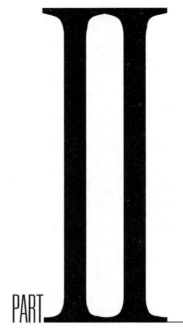

PART

第二部分

实践:
早期化解冲突方法的七大原则

原则概要

"早期化解冲突方法的七大原则"旨在帮助你处理生活或工作中的冲突。当你为他人提供建议时,掌握化解冲突的基本技巧和实用工具。

作为领导,你需要具备一定的技巧,在工作中处理与员工的分歧,更好地预防或化解员工之间可能产生的摩擦或障碍。

作为员工,这七大原则将帮助你更有效地处理工作中的冲突和挑战,帮助你更好地与他人沟通,确保你的需求得到满足。

对于法律等专业顾问,七大原则能够提升你的服务价值,增强你的工作能力,满足客户需求,在任何情况下都能取得最好的结果。

如果你在工作、日常生活或社团内遇到了冲突,七大原则能够帮助你和他人摆脱困难的局面,不仅能够影响他人的行为,还会改变他们对冲突的体验。在所有这些情况中,你将有能力扭转失衡的局面或不利局面,做出改变并取得进步,而这些是你之前不敢想象的。

如果你希望本书有所帮助,就需要保持开放的心态,不要过早放弃。下面的故事完美诠释了这一点。

曾经有个人得知他家花园地下埋藏着一罐金子,只要努力找就会找到。于是他花了几个月的时间,在花园挖了许多条隧道寻找，却什么都没有找到。最终他放弃了寻找金子的想法。然而没过多久，在距离其中一条隧道尽头几英寸的地方，另一个人找到了金子。

我们需要明白，有时我们认为没有任何解决方法，而改变这一想法的唯一途径就是不断实践这七大原则，磨炼你的技巧。虽然有时这个过程不长，有时迟迟得不到答案，但是只有通过这种方法才能显著改善你的情况，帮助你找到从未考虑过的解决方法或选择。

何时、如何使用七大原则，取决于你面临的情况以及希望做出的改变。七大原则会帮助你承担起你的责任，确保你在尽可能有利的情况下达成目标。若对七大原则有更深刻的领会和应用，则能够帮助我们在不损害自身利益的前提下，为他人提供支持，最终让我们有能力改变整个文化氛围。

七大原则可以分开使用，但最好的方式是综合使用。在面临冲突时，我们只有理解并熟练使用早期原则，才能成功应用后期原则帮助他人，这一点是成功的关键。同样，虽然有时我们依靠自己的力量成功化解了早期冲突，但是需要依靠其他人的参与才能维持取得的成果。在这种情况下，我们需要综合应用七大原则。

关于个人和组织如何相互配合使用七大原则的方法，请查看以下良性循环。

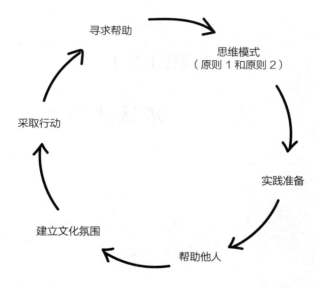

| 第四章 |

原则 1：承认冲突

多数人一般不愿意承认冲突。我们不喜欢无中生有。我们害怕，如果与他人产生冲突意味着自己不够友善或软弱。正如我们所说，在现实生活中，当我们回避冲突时，冲突可能会升级，当事人的行为会变得更加激烈。诸多事例可以证明这一点：

· A 每天都告诉同事 B 不要喝他的牛奶。B 没有在意，于是 A 在冰箱门上加了一把锁。上级找 A 和 B 谈话。

· C 对 D 提供的产品质量不满意，所以没有向 D 支付货款。D 起诉 C 拒不付款，C 也无法为自己的客户供货。

· E 对楼上邻居 F 制造的噪声感到非常生气。当 E 不在家时，如果 F 发出噪声，E 的儿子会使劲敲打天花板，替父亲回击 F。F 告诉 E 他的儿子敲打天花板的事情。E

说 F 只是企图激怒自己，并威胁要报警，"对 F 申请反社会行为令"。

【案例学习】

贾思明在住所协助公司工作，该公司主要为人们安排新的居住地点。公司的办公地点位于当地议会大楼内，公司与议会工作人员共享打印机资源。贾思明打印文件时发现打印机上贴着一张字条，上面写着"请填充打印纸"。贾思明很生气，她认为写字条的人应该先与她当面讨论这件事情。

当贾思明与同事说起这件事时，同事告诉她，议会工作人员不喜欢与他们共享办公室，并提到了好几件事佐证这一观点。他们继续讨论此事并最终得出结论，当地议会不尊重他们公司。他们还发现，写字条的人与议会领导有婚外情。

虽然事情的起因只是一个很小的摩擦，却产生了巨大的影响。两个组织之间缺乏沟通，住所协助公司的一些员工认为当地议会不尊重自己，这是无法否认的问题。然而由于暴露这些问题的起因看起来微不足道，导致冲突没有得到承认。最终的结果是误会加深，谣言四起，双方也失去了合作的机会。

如果我们幻想冲突可以自己消失，不承认冲突，我们就很可能会失去控制局面的能力，也无法掌握对方的反应。

以下问题能够很好地帮助我们检查是否承认了冲突的存在：

- 这种情况是否令我夜不能寐？
- 我是否故意避开某人？
- 我是否在背后议论某人？
- 我是否刻意避免讨论某件事情？
- 某人或某事是否令我气愤？
- 我是否难以忘记过去发生的某件事？
- 我是否对这件事情感到不舒服？
- 在某人（或某些人）身边时我是否感到不适？

如果以上有任何一个问题的答案是肯定的，那就表明我们正处于冲突之中。这并不意味着我们必须立刻与对方聊一聊，或立刻着手处理问题。正相反，我们需要接受目前的事实，确定希望采取什么行动。当我们接受现实时，就会发现否认事实导致的拖延、担心、怀疑、负罪感或焦虑正在慢慢消散，我们对局面能看得更加清晰。

外部冲突

当我们想到冲突一词时，往往不会联想到自己，而是将它与战争或政治联系在一起。但是，冲突可以有许多类型：

· 对项目预期或交付内容产生偏差。

· 邻居对噪声或安保摄像头产生抱怨。

· 毫无解释，拒绝付款。

· 听说某人谈论自己的工作。

· 努力工作却没有获得奖金。

【案例学习】

　　在我与几个亚洲女孩共同工作期间，发生了一系列恐怖袭击事件，于是我们谈论起她们遭遇的冲突。对此，我很紧张，因为担心这样的讨论会令她们疏远我，不再参与我教授的课程。虽然课程的主题正是我们讨论的核心，但我不得不承认自己并不希望进行这样的讨论。我担心，讨论这个话题会让她们感到我在评判她们。换句话说，我在脑海里想象她们对我的看法以及可能发生的事情，我差点就相信了这些想象。

　　当我们开始讨论这些恐怖袭击以及对这几个女孩造成的影响时，我们讨论的是它们导致的误解和偏见。我们的对话变得更简单，因为我们承认了不易察觉的冲突。

　　其中一个女孩说她和几个朋友一起踢足球，但是球场上的另外一些人不让她们参加，并暗示她和她的朋友看起来像恐怖分子，怕她们会攻击别人。

　　在我们讨论这件事情时，这些女孩体验到了被倾听和被理解的感觉。我们都认识到，详细地讨论冲突意味着她们能够摆脱冲突，忘记冲突。我们发现，这些女孩也是受害者。有人会因为毫无关系的事情或行为而责怪她们，她们需要妥善处理这种想法带来的负面影响。

一周后其中一个女孩告诉我，她与朋友回到了那个足球场，与对方达成了共识，用一条隐形的分界线将场地一分为二，每队各占一边。当女孩把对方踢过来的球踢回去时，他们开始交谈。后来对方向她们道歉，认为不应该咄咄逼人地评判她们。

通过承认冲突的局面、讨论冲突并处理她们的感受，这些女孩得以退后一步。这说明虽然沟通很难，但是在第二次碰面时，她们并没有表现得充满敌意或过于紧张。

与其隐藏对误解她们的人的憎恨，不如让她们坦诚地说："恐怖分子的所作所为对我们也有影响。一些人因为恐怖分子的行为而责怪我们。我不需要因此而恨他们，因为仇恨会将我吞没，还会令我对这个世界充满愤怒。我理解他们与我一样感到恐惧。我与他们很可能会成为朋友。"

学习如何鼓起勇气面对冲突，还需要我们深层了解自己的内心以及我们想成为的样子。这是成长的过程。对于需要管理上亿元资产和几千名员工、肩负"成年人责任"的管理人员来说，这样的要求颇具挑战性。

我们的冲突产生于对事实的判断或感知到的判断，也会产生于看起来微不足道的小事，但是无论我们认为这些事情多么微不足道，我们最终都需要解决或承认它们。请查看以下示例：

- 讽刺的评论却被理解为挖苦或误解的评判。
- 对某人随口开的玩笑。
- 某人并未参与过该项工作，却将邮件抄送给他。
- 对某人休病假表示怀疑。

内部冲突

我们忽略或不解决冲突的原因之一，是我们需要处理自己的内部矛盾。内部矛盾可能是我们费尽心思逃避的某个问题或想法。我们称之为"内部冲突"。

从儿时起，多数人就开始努力地迅速完成各种任务，因为我们害怕不这样做的后果。这令我们陷入与自己的冲突中，也与周围的世界产生了冲突。多数人在十岁左右时都会被问到这样一个问题，"你长大后想要从事什么职业"，然而很少有人问我们"想要成为什么样的人"。许多人的梦想会与他人认为我们应该做的事情发生冲突，比如支付账单、养家糊口、照顾老人等现实问题。

当冲突产生时，内部冲突往往就会浮出水面，决定我们的反应。我们出于对结果的恐惧，通常不愿意去处理这些内部矛盾。然而处理这些问题以及找到双赢解决方法的关键，不在于我们习惯的身份或我们认为自己应该是什么样的人，而在于我们究竟是谁。

如果我们不承认或不解决内部冲突，我们就无法了解它们如何驱动我们的行为，我们会困在艰难的工作或关系中浪费时间和金钱，就像用创可贴治疗严重的扭伤。当我们了解了自己的内部冲突，以及它们如何在外部冲突中驱动我们的行为时，就可以对问题做出更好的选择和采取更好的行动。

【案例学习】

乔什是一位律师。从年轻时起他就一直努力获得家人的认可。乔什的祖父也是一位律师，他总说乔什会成为一名优秀的律师，还经常拿乔什的谈判技巧举例。这影响了乔什早期的职业选择。暑假时，学校为乔什在一家蒸蒸日上的数字营销初创公司安排了实习工作。乔什非常喜欢那里，干得很出色，但最后他还是决定继续从事法律工作，因为他认为这是家人对他的期望。

这是乔什内部冲突的开始，因为他总是在取悦祖父和取悦自己之间做斗争，虽然多数时候他并没有意识到这一点。

在律师事务所，合伙人认为乔什开发客户关系以及吸引客户的能力十分出众。唯一的问题是，随着时间的推移，乔什在他的核心工作上表现得并不尽如人意。他为客户准备的文件经常出现低级错误，他对法律条文的理解也不够准确。

乔什工作努力，但还是感到吃力。内心深处，他认为自己并不适合这份工作。乔什不断犯错，他尝试找机会与高级合伙人聊一聊。高级合伙人虽然感到困惑，却不愿意与乔什谈论此事，故意无视他的请求，并最终要求人力资源部门考虑辞退乔什。辞退程序耗时三个月，摧毁了乔什的幸福和自尊。他曾经在公司很受欢迎，许多部门开始谈论他的工作表现，但同时也指责律师事务所不应该以这样的方式辞退乔什。

乔什最终离开了律师事务所并加入一家新公司，然而在新公司再次发生了类似情况。合伙人发现他在商业开发方面很有天赋，于是邀请他在商业开发部门任职。他拒绝了邀请，因为萦绕在他脑海中挥之不去的是祖父的期望，商业开发工作对他来说太简单。结果乔什错失良机，未能与该领域成功的商业开发专家共同工作，随后他再次被辞退。

乔什发现他被人遗忘了，他在自己选择的领域内无法找到工作。他切断了与合伙人以及前同事的联系。他坚信他们认为自己是一个失败者。他切断了与所有人的联系，虽然在现实中他没有与别人产生矛盾，但矛盾一直在他心里。

乔什接受了个人冲突指导。他发现自己对工作中的许多人感到愤怒，于是拒绝与他们建立关系，而建立关系曾经对他来说非常简单。他又进一步接受了正式指导，接受了他在商业开发领域具有天赋的事实。

当乔什直面这件事时，他与老同事建立关系的能力得到了巨大提升。他发现人们被他吸引，因为他在商业开发方面的能力的确十分出众。

乔什意识到，如果他早点接受与自己的冲突和与他人的冲突，这一过程就不会如此艰难。乔什的所有冲突如下所示：

外部冲突（与他人的冲突）：
· 曾经共事的高级合伙人没有准备好与他谈论此事。
· 因为猜测别人对自己的看法而疏远他人。

内部冲突（与自己的冲突）：
· 认为祖父或他人鄙视商业开发工作而逃避或否定自己在商业开发领域的天赋。
· 由于年轻时做出的职业选择而逃避或否定当前的工作困境。

如果乔什或他的第一位雇主更早承认冲突，他们或许就能通过以下方法缩短这一过程：
· 接受现实情况并确认下一步采取的方法。
· 指导并支持乔什过渡到他更喜欢且更擅长的专业领域。

第五章

原则 2：控制你的反应

当你感到失去控制时，无论是对形势失去控制还是对自己的反应失去控制，这一原则都十分实用。在这些情况下，该原则能够帮助你在做出反应前掌控局面，当最初的反应导致你处于不利地位时，它能够帮助你重新获得控制权。

应当注意的是，这一原则不是帮助你控制对方，而是控制我们对事态发展的影响。

多数人对于冲突具有本能反应。本能反应都是没有经过深思熟虑的。面对冲突时，我们往往不假思索就贸然行动，但随后又后悔应当采取不同的方法。当我们这样做时，就失去了通过最佳方法解决问题的机会。我们只能在回忆时意识到什么是最好的应对方式。该原则帮助我们在事件发生时甚至做出反应时按下暂停键，让我们有时间思考，而不是事后后悔不已。

有些冲突往往需要我们花时间思考，去构建复杂的语言、情感和行为反应。但是我们的身体却凭借本能做出反应，这样往往令我们处于被动。如果有人举着刀冲向我们，本能反应是最好的应对方式，除此之外，我们需要了解事情的复杂性、我们的情感以及反应的先后顺序来取得对这件事的控制权。

当我们取得控制权后就可以思考事件的整体局面以及自身的感受，花时间研究我们有哪些选择和接下来要采取的步骤。取得控制权意味着我们能够做出慎重的决定。为做到这一点，我们首先需要认识到，自己的第一反应不一定是最佳反应。

该原则的目的不仅是关注当下重要的事情，还要站在冲突之上纵观全局，避免对冲突做出的反应令自己悔恨终生。

这并不代表就要对我们自己负面的反应百般自责。无论结果是否满意，我们都会有所收获。所以在应用该原则前，我们有必要花些时间思考一下你曾经对冲突做出的反应，这些反应的正面和负面效果，哪些反应或行为对解决冲突有所帮助，以及未来我们可以改变的方面。

冲突	反应	正 / 负面效果	帮助	改变
例如：我没有按照领导的指示办事	否认自己犯了错误，责怪他人没有提供帮助	正面效果：承认我需要帮助并请求帮助。负面效果：没有对自己的行为承担责任	至少对自己承认需要帮助	接受自己的错误，对错误及其后果承担责任，认真地听从指示，在早期就寻求帮助

停止

控制反应的第一步就是停止。停止能够给予我们时间，思考眼前的形势以及如何应对问题。如果我们停止的时间足够长，认识到冲突其实是提升事业或改善生活的机会，我们就会获得争取最佳结果的强大动力。

当我们停止时，就会开始理解不断变化的形势，理解我们和他人对冲突的反应。一旦我们理解了这些，就能更好地选择回应他人的方式，选择更具有战略性和深思熟虑的回应方式。

重置对话

当我们与他人处于困境时，哪怕我们对自己最初的反应不满意，也可以重新获得控制权。重新获得控制权的方法之一就是向对方发送以下电子邮件。请注意，我的评论位于方括号内。

关于我们先前的对话

亲爱的【 】:

我重新回想了我们早前 / 昨天 / 上周的对话【如果我们思考与对方的谈话，这表明对话对我们很重要，多数人会感到被重视】。对于对话的走向我并不满意【这句话并不是指责谁——我们可以对自己的行为不满意、对对方的行为和对话结果不满意，或对其他事情不满意。表达我们的不满并不会激化矛盾，只是说明了我们的感受】，我希望今后能以不同的方式处理问题【此处也没有指责，只是说明我希望改善情况】。下周一你是否有10分钟的时间和我聊一聊？如果时间不合适，请问你何时方便【请求对方抽时间讨论发生过的事情表达了对他的尊重。我们告知对方自己方便的时间，便于开启对话。我们还限制了对话持续的时间。最后允许对方提出备选时间，提醒他们告知我们，确保对话顺利进行】？

　　此致
敬礼！

【署名】

【日期】

找到对话中较为成熟的一方

　　根据我在企业工作的经验，职场环境虽然竞争激烈，有时也会滋生一种不负责任的风气。我们自认为无比重要、精明能干。当我们在自己的能力范围内从事重要工作时，无论是出于情感还是身体原因，我们不仅迷失了自我，忘记了不断进步，还不再承担照顾自己的责任。因此，我们忽视了自己对周围人的影响。

在现实社会中，人们往往认为公司会处处为员工着想，你或许认为这是一件好事。会议室就像配有管家的酒店房间，房间内摆放着精美的茶和咖啡，便笺上写道，如果你有任何问题，请联系帕特里克，他为你布置了房间。如果时间已晚，你依然可以享用晚餐或在房间内预订比萨。

在许多公司，人力资源部的职责之一就是为员工和经理服务。员工和经理受到不公平待遇时会向人力资源部门投诉。经理会请求人力资源部门帮忙解决问题，以便腾出精力用于本职工作。在这样的环境下，能干的家长（人力资源部门）帮助孩子（经理）解决了问题，让其他人承担责任。同样，在这样的环境下，员工期望公司会为他们提供帮助，当公司没有按照他的要求解决人际关系方面的问题时，他便责怪公司和经理、同事。

在我们生活的环境中，社会的行为准则和我们的社会地位制约着我们的一言一行。我们假设自己优于他人或劣于他人。我们根据邻居的父母、家人、工作、受教育水平或其他因素评判他们。如果别人的行为准则与我们不同，我们会认为他们极其愚蠢——例如他们停错了车位或孩子大吵大闹。

这样的认知和评判渗透了我们人际交往的方方面面。我们最终会求助权威人士：租户协会、房屋管理部门的工作人员甚至警察。当我们将权力移交给第三方时，我们的人际关系会不可避免地变差，对问题的控制权也会变弱。若第三方没有达到我们的预期，冲突还会升级。

在《大众的游戏》（*Games People Play*）一书中，埃里克·伯恩解释了交互分析的概念。他分析，当我们与他人沟通时，会经历父母、成人和儿童的自我状态。理解这些自我状态是化解冲突的关键。

面对冲突，最有效的自我状态是成人状态。如果在冲突中我们处于这一状态，那我们就能衡量自己的反应，纵观全局。但是，当我们承受压力时，就容易脱离成人状态。当我们感到需要控制局面或避免对峙时，就会很容易进入父母状态，此时，我们便会主动替对方承担责任，这样对方就不必为自己的行为承担全部责任。这会导致我们更加厌恶对方的不作为，不尊重他们的意见，为自己需要对整个问题负责而感到不堪重负。如果我们感觉自己需要被照顾，或者我们感觉到其他人以某种方式为我们的生活和一些后果承担责任时，我们就进入了儿童状态。同时，当我们将自己的权利和责任移交给雇主或公司时，我们会感到自己是他们的受害者，对承担责任的人或公司充满憎恨。

我们将上述概念代入工作环境中，就会发现，无论员工级别多高，都会进入儿童状态，不再关注自己的首要需求。因此他们的力量在不知不觉中被削弱。同理，在邻里关系中，我们可能会发现，当某位邻居用大音量播放音乐时，另一位邻居会更加强烈地抗议。

如果我们希望化解冲突，就必须脱离这样的状态，令冲突双方重新获得力量。当我们脱离父母和儿童这种关系的舒适圈，就会进入未知状态，在这种状态下我们需要控制自己的行为，为自己的行为负责，我们还会敏锐地发现需要承担选择带来的后果。这可能会令你感到不适，因为我们不能立刻找到问题的解决方法，所以这样的状态需要持续一段时间，等待解决方法的出现。

以下问题十分实用，可以帮助我们在成人状态下重新控制对问题的反应和回复：

- 怎样做才能停止这样的局面？

  我可以去散散步吗？

  我可以去咖啡馆吗？

  我可以在公园里坐一坐吗？

  我可以找到一个安静的地方深呼吸或冥想吗？

  我可以给朋友打电话，问问他们的近况吗？

- 我是否感到不堪重负、无法控制自己或面对的问题？
- 我是否只关注对方必须做的事情而忽略了对自己的要求？
- 我是否企图为对方解决问题？
- 我的行为是否合适？
- 我是否关照了自己的基本需求？我是否需要吃饭、睡觉或休息？
- 对方是否因为我的抗议而做出了改变？

第六章

原则 3：在困难对话中应用调解
方法框架（第一阶段）

第一阶段：为对话做准备

调解方法框架分为两个阶段，第一阶段关注的是为对话做准备，第二阶段帮助你开展对话。虽然你可能会忍不住直接阅读如何开展对话的章节，但是充分的准备工作可以为你带来巨大的改变，所以我强烈建议你先阅读本章。

机遇和准备共同塑造了成功。

——波比·阿瑟

我们很少为对话提前做计划。但是，计划能够帮助我们预判挑战、为挑战准备得更加充分，对自己的方法充满信心。以下章节列举了我们在准备过程中可以采纳的步骤，从本质上简化困难对话。

第一步：管理你的身体和情感反应

斗争、逃跑或一动不动？

我们在冲突环境下的身体反应或情绪反应不可避免，了解这一点是管理这些反应最有效的方法。无论是我们身体即将受到威胁，还是我们在商业竞争中的生存或自尊心受到威胁，都会触发同样的反应——斗争、逃跑或一动不动。我们体内会分泌荷尔蒙，应对身体感知到的威胁。

冲突在许多方面都可以促使我们的身体产生能量，虽然我们本身并不情愿，但我们十分需要这样的能量，并且能够加以利用。这种能量可以帮助我们在冲突中保持动力，让冲突持续。许多人对我说，当他们感到疲惫时，依然能够振奋精神与对方唇枪舌剑，当愤怒被释放出去后，他们的心情在某种程度上会得到改善，变得更有活力（虽然事后会感到自责）。

以下列举的多种方法可以帮助你有效控制冲突产生的能量，利用它找到解决方法。

斗争或逃跑的情绪反应，尤其对于情绪反应水平较高的个体来说，包括内在的焦虑和外在的攻击。因此一开始，我们就要在某种程度上意识到，我们不仅需要在冲突中控制自己的大脑，还需要控制自己的身体。如果我们能够更好地控制自己的身体，我们的大脑就能批判性地、创造性地评估形势，解决问题。

善加利用你的感受

你一定会吃惊地发现，许多人常常忽视自己的感受，将自己的想法放在首位。我们误以为感受代表脆弱，但恰恰相反，它们可以为我们提供至关重要的信息，帮助我们渡过难关。

我们的身体能够反映自身情绪，因为情绪一直在体内流动。这些情绪是我们成功解决问题的关键。其中的原因有很多，例如压力对我们创造性思维产生的负面效果，别人对我们优势和劣势的认知。同样，这也会对我们的心智和韧性产生连锁反应。更好地觉知自己的情绪将会帮助我们更好地应对挑战，对他人的行为和回应方式产生更大影响。

识别自己的感受和情绪这一简单行为，可以立刻帮助我们以更有效的方式处理冲突，防止冲突失控或变得难以掌控。以下是身体发出的信号：

- 恐惧和焦虑：肌肉紧张、手脚冰凉、肠胃不适或感到恶心、呼吸急促、感到虚弱
- 生气和愤怒：下巴紧绷、紧握拳头、头疼、胃疼、掌心出汗、燥热、颤抖、头晕
- 压力：失眠、头疼、颤抖、肌肉紧张、背痛
- 担心／焦虑：无法集中精力、头晕、口干舌燥、心律不齐、血压升高

当我们提高对身体的认识后就能立刻更好地调节自己的反应。调节反应的方法有很多，比如冥想或身体练习，这些是应对日常冲突的长期方法，具有很好的效果。但是，如果你没有机会经常练习，或者你的时间和空间受限，另一种简单的方法就是专注于呼吸，将它调整回舒服的节奏。

另外，你也可以通过关注身体的姿势来让自己平静下来。这一方法成功的关键是你专注于当下，专注于你的身体和思想。虽然最初这些方法会令你感到不舒服，但是值得一试。你也可以探索对你有效的其他方法。

以下问题可以帮助你管理自己的情感：
- 我对于自己在冲突中的表现有何想法？

    这是一场灾难。

    我太愚蠢了。

    对方太愚蠢了。

    这将影响我的事业。
- 我会失去我的工作、房子、伴侣、朋友吗？
- 如果我对其他人说了这些话，他们会怎么想？
- 我可以用更肯定的词语描述自己吗？
- 用"我犯了一个错误，错误时常发生，我能够原谅自己"替代"这是一场灾难"。

- 用"我很好，不完美也没关系"替代"我太愚蠢了"。
- 用"我可以不赞同对方的观点，但是不会否认他们的优点"替代"对方太愚蠢了"。
- 我的身体有什么感受？
- 我是否感到任何身体上的不适？
- 我能帮助自己减轻身体的不适症状吗？
- 我是否需要别人的帮助来辨别自己的感受？
- 我是否需要别人的帮助来解决问题？

第二步：写下你最初的恐惧、希望和需求

采取这一步骤意味着，在你完全确定想要说什么和对谁说之前，无须与任何人谈论你所面对的冲突。当你完成这一步后或许会发现，本以为必须进行的对话其实并无必要。该步骤将帮助你确定下一步的方向。

恐惧：以假乱真的虚假证据

我们的恐惧有时根深蒂固。如果有人举着刀冲过来，我们很可能会感到恐惧。但是更多时候，吞噬我们的恐惧源自我们对未来的担忧，甚至是想象中的别人对自己的看法。虽然这些

想象看起来很有说服力，但是它们往往并不真实、不会发生、与预料的结果相去甚远。如果我们能弄清这些想法是什么，在它们失去控制、成为自圆其说的预言前，我们就更有可能将它们遏制住。

　　需要说明的是，"我希望的"和"我需要的"是两个不同的概念，"我需要的"是对自己或组织至关重要的东西，而"我希望的"并非不可或缺。"我希望的"可以是"赢得辩论"或"证明他是错的"。而"我需要的"则是在冲突中关照自己。我希望的或许是在现在的公司继续工作，但需要的是升职和加薪。当我们最终在其他公司升职加薪时，我们获得的是最初需要的东西，而不是希望得到的。我们还可能发现，专注于我们需要的东西会令它转变为我们希望得到的东西，虽然这与我们最初的期待并不相同。

　　令许多人难以接受的现实是，我们需要的不一定总是我们希望得到的，但长远来看却是对我们更加有利的。在这一过程中越诚实，我们就能开启越多选择。我们还需要清楚，即使我们明确了自己希望得到的和需要得到的，但它们并非一成不变，它们将促使我们关注最重要的事情，帮助我们更加了解自己所做的决定。

以下问题能够帮助你识别自己的恐惧：

· 可能发生的最糟糕的事情是什么？

· 在冲突中我是什么样子、我的能力如何，我是什么样的人？

· 通过冲突，其他人会怎样看我？

· 我是否有过类似经历，但结果并不令人满意？我是否认为会发生同样的结果？

以下问题能够帮助你检查自己的需求：

· 我的精神和身体健康是否取决于此？

· 我的财物安全是否取决于此？

· 我周围的人是否会因此遭受损失或遇到危险？

· 我的工作是否会被影响？

· 我的幸福和健康是否取决于此？

· 如果没有它，我是否会遭受严重的不公待遇？

以下问题能够帮助你明确自己真正想要的东西：

· 如果没有它，我会看起来很糟吗？

· 我是否认为它是应得的？

· 我是否认为它会令我和周围的人更加幸福？

· 我是否认为没有它对我不公平？

　　你或许会发现，将你在挑战中感受到的恐惧、希望得到的和需要得到的写下来是一种十分有效的方法，这样能够帮助你明确希望关注的重要事情。

恐惧	希望得到的	需要得到的

第三步：改变视角，纵观全局

该步骤能够帮助我们更加了解自己潜意识的想法和动机，让我们在前进的过程中停下来，改变对某一特定情况的看法。当我们这样做时，我们就会拥有更多选择，也能更好地控制自己对冲突的负面想法和反应。

了解并承认你的思维模式受限

纵观当今社会，世界上每天都在上演各种类型的冲突。除了国家之间的侵略行为和国家内部的战争外，我们还会看到随处发生的暴力行为和恐怖活动，而这些事件的始作俑者往往是那些貌似普通的年轻人。他们这样做的原因可能来自他们对世界的看法，他们用这种看法为自己的行为辩护。也许是因为他们感到被剥夺了权利、不被尊重、认为社会腐败、自己被冤枉、生活不公平以及自己有权获得更好的生活。

从根本上来说，这些感受可以归结为，在冲突中不同程度的、以自我为中心的世界观。也就是说我们在困境中会主观地看待所有事情。这一点可以理解。

虽然有社会认可的良好行为作为掩饰，我们的工作场所和社区中也会出现这种思维模式，只是程度较轻。当我们没有得到希望的东西——或者有可能得不到时，当我们遭受事实的或认知的不公平待遇时，就会产生以自我为中心的思维模式。简单来说，我们的思想和感受开始主宰我们对世界的看法，让我们陷入自我利益、自我需求和自我担心之中。

我们可能因为没有得到与他人同样的待遇而感到缺乏公正，可能因为自己的贡献没有得到赞赏而失望或愤怒。我们的骄傲开始占据上风。我们可能开始害怕无法得到自己希望的东西和需要的东西。同样，对这种想法的羞愧感和对希望的渴望，将我们的注意力转移到自己的想法和感受上，从而无法纵观全局。我们越认为自己合理，就会为冲突注入越多想法和感受，产生越多误解。

在现实环境下，我们可能感到不被重视或不被尊重。当我们勉强维持生计，可能会憎恨获得公司奖金的人。我们可能对纳税感到不满。当员工没有做出多少贡献却要求加薪时，我们会感到恼怒。在这一阶段我们关注的是自己的烦恼，而不是自己能做些什么以改变局面。虽然我们有充足的理由烦恼，但是这样也会阻碍我们解决问题，阻碍为自己争取最大利益。关键是，当我们陷入这样的思维模式时，思维的宽度和深度就受到了限制。

注意思维模式对认知的影响

虽然多数时候我们遇到问题时，反应并不激烈，但它们仍会对我们的生活产生负面影响。例如在酒吧闲聊时诋毁老板，在茶水间大肆批评公司，对工作不负责任或与同事缺乏沟通。从损失结果的角度看，我们浪费了时间，对待客户态度恶劣并缺乏忠诚度。当我们陷入这样的思维模式时，我们感到自己的意见无足轻重，没有价值，一有机会就会另谋高就，但是很快又会重蹈覆辙。

在个人层面，这样的思维模式和感觉会向内影响困境中的我们，会产生抑郁情绪和身体疾病。这会令你在工作和金钱方面遭受损失，更重要的是当事人及其家人和朋友每天都会痛苦不堪。

在工作中，生病和抑郁带来的直接连锁反应是工作效率下降，导致生产利润降低。在日常生活中，则是与社会隔离，或产生攻击行为，当事人往往会切断与他人的联系，躲避邻居，逃避无法解决的分歧。

化解冲突的底线是我们需要为自己的行为或反应承担责任。这需要我们接受——在某种程度上是我们自己造成了这样的局面，是我们将冲突带入了生活。有了这样的想法，如果我们希望化解冲突，则需要改变部分思维模式或行为。坏消息是，虽然本书将帮助你学习某些技巧，但是你的思维模式或行为不会马上发生改变。如果学习得当，你可能需要很长一段时间甚至一生来逐渐做出改变。好消息是，如果我们在冲突中有所收获，那么我们就更有把握获得个人和事业的成功。我们的行为还会对周围的人或事产生影响，微小的行动可能会成为改变社会的关键力量。

当我们意识到这些时，可能会感到不堪重负，还可能会过度解读冲突，甚至深陷其中无法自拔，以为通过思考或沉迷其中就能将冲突化解。然而答案是否定的。虽然做起来很难，但我们还是建议你暂时离开冲突环境，这样可以获得新的想法。如果我们可以做些事情，为他人带来启发或愉悦，就能在极大程度上扭转冲突的局势。把注意力从问题中释放出来，为他人带来短暂的快乐，我们就能获得不一样的视角，同时为紧张的局势注入积极的元素。

【案例学习】

我很幸运，在孩子很小的时候我可以在家工作。一天我收到同事的信息，他希望与我聊一聊。我问他是不是有什么问题。他说有可能。与此同时，我俩的共同客户没有向我支付报酬，另一位客户总是处处给我找麻烦，一直不回复我的电话。于是我开始担心起来。

我采取了第一步——坐下来，专心完成了一项能够给我灵感的工作，然后下楼和我一岁半的宝宝一起玩耍，我们都乐得哈哈大笑。没过多久，我就从愤怒和恐惧的状态中脱离出来，变得轻松快乐，为后面的步骤做了充分的准备。

哪怕对方没有做出任何改变，只要我们调整自己对冲突的看法，也能改善冲突的局面。许多方法都可以让你做到这一点，但最关键的是不再只关注自己，而是为他人考虑。哪怕只是提醒自己考虑大局，我们也会改变自己的看法。

以下问题可以帮助你改变看法或以大局为重：

· 我能想到当下还有谁也在面临挑战吗？
· 我能做些什么帮助他们吗？
· 我能给谁打电话，告诉他们我爱他们、想念他们，感激他们对我的帮助？
· 现在我能做些什么表达友善？

在报纸上找找看有没有令你感到生气、难过或激动的事情，能否做些什么改善这些情况（捐款、写信、加入某项活动、花时间思考或祈祷情况好转）。

第四步：了解事实情况

在对话前，我们应当全面清楚地了解事实情况。你不会希望在对话时花大量时间了解发生了什么，这将导致你无法专心解决问题。如果对话的结果不能令你满意，你需要了解自己还有哪些选择。如果你希望接下来采取更加正式的解决方式，就要认清自己的立场。该步骤能够帮助你思考当前形势、收集信息、做出明智的决定。

列举对话需要的信息

你需要的信息可能是收到的电子邮件、早前绩效会议的备注、财务协议的细节、照片、值得分享的相关反馈。这些基本上是你在对话中需要的所有信息。

_____

_____

如果你没有这些信息，怎样才能得到它们？

_____

_____

在对话中可能会发生什么冲突？为化解这一冲突，你需要管理层、人力资源部门或其他权威人士提供什么支持？

_____

_____

以下问题能够帮助你了解事实情况：

- 你希望对方知道的 5 条重要信息是什么？
- 什么信息能够更好地帮助对方了解你的观点？
- 对方的信息会对你造成负面影响吗？
- 是否有其他信息可以澄清或化解矛盾？

第五步：识别并思考结果和选择

    像谈判或者会议这种正式且复杂的对话最重要的一点在于，它是重置问题的机会。与其他情况一样，当我们清楚自己前进的方向时，我们就更有可能到达终点。如果我们清楚自己期望的结果和对方期望的结果，不仅可以帮助我们了解对事态发展的看法，还能够发现解决方法，为谈判创造空间。以下问题能够协助该步骤。

    你想要什么结果？你希望从对话中获得的最好的和最坏的结果分别是什么？该问题是你第二步答案的详细说明。

_____

_____

    你期望获得什么结果？它的细节是什么？如何实现这一结果？

_____

_____

你距离期望的结果还有多远？在你获得这一结果前需要完成什么目标？

当你获得期望的结果后打算怎么做？下一步计划是什么？

哪些事情会改变你的想法，例如新信息、澄清的信息或发生转变的观点？

第六步：明确顶线和底线

任何复杂对话都会包含谈判，在谈判前了解边界对我们十分有帮助。我们的底线是能够达成一致的最低限度，顶线则是可能得到的最好结果。但是在确定底线和顶线后，一旦出现新信息或新情况，我们或许会发现底线和顶线都有变通的空间。如果我们在开始谈判前或进行复杂对话前了解变通空间的大小，我们就会更加自信，在谈判过程中能够更好地为自己争取利益。

以下问题能够帮助你识别自己的顶线和底线以及变通空间。

在你看来最理想的结果是什么？大胆想象，包含所有细节。

_____

_____

你无法容忍什么情况（例如，如果你撒谎，我会立即停止谈判）？

_____

_____

如果可以，你会在哪些方面做出让步？

_____

_____

如果有的话，你不会在哪些方面做出让步？

_____

_____

你认为对方希望从这段关系或对话中得到什么？请尽可能根据你了解的事实回答，而不是根据你的假设回答。

_____

_____

如果可能的话，你认为对方会在哪些方面做出让步？

_____

_____

第七步：明确你的讨论议程

讨论议程是会议的框架。讨论议程不需要非常正式，只需列举主要问题。讨论议程能够帮助你确定自己和对方在会议中希望讨论的问题，为这些问题排序，为每个问题分配足够的讨论时间。你可以提前使用电子邮件发送以下内容：

以下是我希望在会议上讨论的问题，提前发送给你，希望有所帮助。我理解会议当天可能还会发生其他事情，如果你希望在这个清单的基础上添加任何内容，请告诉我。

然后根据优先顺序列举你希望讨论的关键问题。

尽可能通过积极向上的、前瞻性的角度列举问题——你希望事情如何发展，而不是不可以这样做。

_____

_____

_____

如果是其他人组织的会议（你并不清楚他们的讨论议程），你可以列举需要与对方讨论的问题。请充分了解对方的讨论议程后再提出自己的想法。

将以上列举的关键问题转化为讨论议题。

问题	讨论议题
最初我不想与你见面，因为你总是打断我并且不听我说话	会议基本规则
我不能再这样下去了	对未来工作的期待
你需要理解我的想法	了解双方对所有已发生事情的观点
你需要改变自己的做法	相互尊重的界限
你需要改变与我说话的方式	沟通
你需要告诉我发生了什么，不要总是让我猜测	安排信息更新
我们需要为 X 项目设立计划，应该由我领导这一项目	X 项目未来工作计划
我不认为我们有时间讨论所有问题	会议时间安排以及跟进工作

你会发现，与同事或朋友讨论如何将问题转化为讨论议题会对你有所帮助。当你讨论议题时，请记住多数有帮助的议题都是公正和公开的（为讨论创造空间），它们应该专注于某个特定话题、真诚且不相互责怪。

为每个议题分配时间也十分重要，如果你为议题分配了时间，请在邮件中添加以下内容：

我了解会议时间是【一小时】，所以为充分利用时间，我建议根据分配的时间讨论每个议题。万一时间不够，我还留出时间专门讨论下次会议时间。如果你需要做出任何调整，请告诉我。

有些议题的讨论时间可能比其他议题（或预计的时间）更长，所以灵活把握很重要，你也可以建议对方这样做。

第八步：保持同理心

当我们与他人产生冲突时，我们一般只会关注自己的感受，并不在意对方的感受。由于害怕自己的需求被遗忘，我们往往不希望产生同理心。"为什么我要关心他们的感受，他们应该关心我才对。"同样，我们也不希望向对方示弱。

毫无疑问，就像在飞机上遇到紧急情况时，我们必须先自己戴上氧气面罩再帮助他人，在冲突中我们也需要先关注自己的需求。也就是说我们必须认识自己的情绪，关键是了解如何在冲突中关照自己的感受。如果我们希望对方在冲突和压力的环境下关照我们的感受，那么我们很可能会感到失望，从而怨恨对方，加剧冲突。我们很难对对方产生同情，所以也就不要奢望对方会轻易对我们产生同理心。

如果我们能够产生同理心，那么就能在冲突中占据优势，了解对方的想法和他们对冲突做出的反应，脱离幼稚的利己心态。我们会感到更加脚踏实地，具有掌控能力；还会发现意料之外的与对方的共同点，从而找到解决方法。更重要的是，这样会令我们在面对冲突时更自信。

当我们发现同理心有助于我们达成目标时，就会更有动力保持同理心，也会分析它的含义，思考如何在困境中保持同理心。布里妮·布朗在她名为"同理与共情"的短视频中简洁描述了什么是同理心。她认为我们可以在以下几方面实践同理心：

- 观点采用——接纳并尊重他人的观点，他人的观点属于他人，在他们自己的眼中正确无误。
- 辨别彼此相似的感受，那曾是我们经历的一部分。
- 不做评判。

当我们与他人的感受产生共鸣时，就不会感到自己是对方的"受害者"。对方不再是蛮不讲理的"敌人"，而是和我们一样的普通人。

同理心能够帮助彼此产生信任，为自己的行为承担责任。真诚可以帮助人们说出自己的心里话，开展开诚布公的谈判和更加成熟的交流。

我们可以用以下问题帮助自己产生同理心：

· 对方看起来是什么感受？

· 我有没有过类似感受？

· 我是否曾经表现得像对方一样？

· 我为何有那样的表现？

· 我是否能够原谅自己的这种表现？

· 时刻牢记自己可能会犯错，我是否知道对方为什么有那样的表现？

选择以上问题中的三个做出回答，这会对你有所帮助。

_____

_____

_____

_____

第九步：重新获得对冲突的控制权

由于我们是唯一真正可以改变或掌控自己的人，所以顺利化解冲突的关键在于对自己的行为负责。这样我们就不会总是企图证明自己是对的，而是花更多时间改正自己的错误，避免重复犯错。

以下问题可以帮助我们以建设性的方法重新获得控制权：

- 如果有的话，你对冲突的产生承担什么责任？
- 如果能重新开始，你会做出什么改变？
- 你做过哪些有帮助／没有帮助的事情？
- 由于你自己的行为或不作为，你承受了哪些损失？
- 由于你的行为或不作为，对方承受了哪些损失？
- 你从冲突中学到的最重要的事情是什么？
- 如何才能让双方对冲突的看法或认识都变得正确？
- 怎样才能让冲突对你的工作、个人生活和商业活动提供帮助？
- 你在冲突中有哪些滑稽或荒唐的地方？
- 如何才能令你将冲突完全抛在脑后？
- 当你将冲突完全抛在脑后会发生什么？
- 你与对方的沟通是否帮助你更加了解对方？还有什么需要改进的地方？
- 你在处理冲突或应对挑战行为方面能够发展什么技巧？
- 以上哪些问题能够帮助你承担责任或承认错误？
- 我们能够原谅自己的以上哪些不足？

我并不建议让自己变得更有攻击性，或因承认错误而被对方乘机利用。我们的目标是从更广阔的角度看待冲突，判断承认错误或疏忽是否可以帮助我们获得期待的结果。毫无疑问，这样还能帮助我们从冲突中获得新的思考、成长和发展。

没有人喜欢犯错误。被别人发现犯错更糟糕，但是当我们自己承认犯错时，反而更加容易释怀。对方往往也会原谅我们，从中获得领悟。这一步只是帮助我们原谅自己，继续追寻我们的目标。

如果以上问题适用你的情况，从中选择三个做出回答，一定会对你有所帮助。

第十步：安排对话

如果我们认为有必要与对方对话，那么安排对话的方式和背景都会影响对话的结果。例如，如果我们邀请对方喝咖啡，就是在暗示希望对话低调。讨论内容可能如下所示：

你：下周有时间一起喝咖啡吗？

对方：为什么？

你：我想和你聊点事情。我理解咱俩都很忙，所以我想提前约好时间。

对方或许希望现在就进行对话，或告诉你他希望谈些什么。如果时间允许你可以继续对话，如果你暂时不方便，可以建议其他时间。

或者——

你：你有5—10分钟的时间聊一聊……

这样做可以很好地说明你希望讨论的话题，为对话设定时间限制。如果你和对方都很忙，这样也可以帮助你们集中精力对话，或确保这场对话一定会发生。

更加正式的讨论可以在会议室内按照议程进行。毫无疑问，在预先设置的背景下安排对话更容易，例如关于绩效考核的讨论，但是创建新的讨论和沟通途径同样可以改善关系。

你可能希望通过电子邮件安排对话。谨慎选择合适的邮件主题有助于吸引对方的注意，从而更容易接受你的对话邀请。你可以将主题设置为"绩效考核"。或者，"面对面讨论发展方向""是否有时间对话"，或只是简单地说"主题：新信息"。

当你写邮件主题时，请选择能够吸引对方打开邮件并阅读邮件内容的主题，设定对话基调，避免浪费时间。

在邮件中，你可以继续向对方发出邀请，提出不同的时间选择，帮助他们接受邀请，将会面描述为积极的发展方向。

所以，我们不建议邮件内容如下：

主题：关于你的行为的讨论

亲爱的××：

我们需要讨论一下你对待我的方式。这种行为令人不齿。

我们建议邮件内容如下：

主题：关于发展方向的讨论

亲爱的××：

我非常希望与你讨论一下如何共同解决我们的问题。我9月2日、4日和7日的9—12点有时间。你何时有空？

我认为会议大概需要半个小时的时间，我可以提前预订会议室。如果你认为需要更长时间，请告诉我。

第二封邮件以尊重和体贴的方式安排会议，不会对我们造成任何损失，我们希望对方如何对待我们自己，就应该以同样的方式对待别人。不过这并不意味着我们不能在会议中指出对方不恰当的行为。正相反，我们为自己战斗，但不会无故产生新的矛盾。我们集中精力解决对自己重要的问题，树立令自己满意的行为准则。

我们无法保证对方的行为会如我们所愿，或以我们希望的方式参加会议。以上步骤只是帮助我们与对方开始对话。

许多人会提出疑问，如果我们认为对方是错误的，为什么还要大费周折安排会议。答案是，阐明问题、消除误解是我们传达观点的最佳方式，也对我们最有利。换句话说，促使自己与对方进行对话，也是在帮助自己获得期望的结果，在对话中对方无法以任何方式使我们造成损失，所以会议是为我们服务。对方还可能以我们为榜样，模仿我们的行为，帮助我们达到自己的目标。

当我们应用以上全部步骤后，就会获得以下信息：

· 如果需要对话，了解需要哪种类型的对话。

· 了解必须参与对话的人物。

· 清楚我们希望在对话中讨论什么问题。

· 放弃对达成目标没有帮助的问题。

· 在对话中拥有体力优势和情感优势。

· 清晰简明地叙述我们的问题，包括底线和顶线。

· 了解我们期望的对话目的和结果。

· 为自己的行为承担责任。

· 为今后的行为承担责任。

· 与对方理性对话。

你可以进行以下练习。

根据前面的示例，草拟你的议题或发送给对方的电子邮件。不要立刻发送邮件，查看一下语气是否中立，设想如果你收到同样的邮件会如何答复。

第七章

原则 3: 在困难对话中应用调解方法框架（第二阶段）

第二阶段：开展对话

虽然我们永远无法完全预测对话中会发生什么，或对方会如何应对，但是对话的准备工作能够确保我们集中精力应对眼前的问题。做好准备工作，我们就无须担心在对话时考虑或处理优先顺序问题，还能够提前做好心理准备。

在准备就绪的基础上，本章将为你提供对话中需要使用的技巧，应对可能发生的挫折。

需要牢记的是，当我们与冲突的另一方对话（从而直接影响我们自己）或在冲突中管理对方时，是强调倾听还是强调表达自己的观点和需求，选择或许不同。但是，如果我们能够在两种情况下坚持利用这些方法，就能更加平衡、有尊严、专业地化解冲突，获得期望的结果。

第十一步：做到广泛倾听

倾听似乎是我们所有人都具备的技能。但是，当我们被自己的想法、感受和计划干扰时，倾听别人就变得困难起来。思考并练习如何有效地倾听可以改变对话的基调，帮助我们了解关于冲突的更多信息，获得更多选择。

当我们广泛倾听时，我们包容地、不带有任何评判地倾听，给予对方充分表达的空间。广泛倾听不是科学技术，而是一门艺术。我们需要十分清楚如何利用这些技巧，满足自己的需求，适应不断变化的情况。这需要时间，对于一些人来说这是不断学习的过程。在这一过程中，我们可能会对情况判断错误、失去重点，或总是评判别人。这样可能会导致对方不再信任我们，从而产生我们无法应对的情绪。

换句话说，我们可能会犯错。事实上，我希望你们犯错，因为错误能够帮助你们找到对自己适用、对客户适用的方法。这样的方法也适用于与你有关系的其他人。犯错还意味着你勇敢地实践了这些技巧。错误也十分有用，因为错误能够向你们展示在实践中失误的地方，以及对方无法面对或无法处理的问题。

广泛倾听的要素有：

· 同理心

· 总结和复述

· 重新构造

· 理解话外音

· 保持倾听

· 提出正确问题

我们面对的首要挑战是，愿意在冲突中倾听对方的难处。遇到这种情况，我们可能会立刻说自己没有时间倾听，因为倾听对方的问题会令我们处于下风，我们或许会对对方的态度和倾诉的内容感到气愤或厌倦。我们一般不愿意承认这一点，因为这会让我们看起来不够友善、体贴。

不过没有关系，这是无比正常的反应，尤其是当我们认为自己已经知道答案，或我们的观点比对方更加合理时。虽然如此，但我们仍然需要认识并接受自己有这种反应。这会提醒我们无须完美，鼓励我们更加耐心地倾听、理解对方。

当我教授年轻人倾听技巧时，有人说："我并不喜欢坐下来听别人讨论他们的问题——我还有自己的问题。"

第二节课她没有来，但是在练习倾听技巧时她出现了，并继续表达自己的观点。在最后一节课上，她与几位本地商业人士共同练习。这些人的生活经历各不相同，但是因为她学习了课程并练习过倾听技巧，所以她能够帮助这些人。她很好地总结了广泛倾听的益处，比我期待的要好得多。在最后一节课快结束时，她说："倾听别人让我明白，如果我能帮助他人，我也能帮助自己。通过这一过程，我变得更加自信，与别人对话时不再咄咄逼人。"

这个案例证明，当我们真正倾听他人遇到的问题时，也可以帮助我们了解自己的困境，无论我们年纪大小、社会地位高低，都能与对方平等相处。当我们练习广泛倾听时，最初会感到耗时很长，可能会犯错并产生挫败感。但是我们需要牢记，错误和挫败感有助于我们的练习，提高洞察力，多数情况下我们都能够成功克服错误和挫败感。

我们在前一章第八步中讨论了同理心。毫无疑问，当冲突的对立方站在我们面前时，我们很难对他产生同理心。但是准备工作能够帮助我们开始练习同理心，就像我们锻炼肌肉一样。我们练习得越多，就越容易在实践中做到。以下技巧能够帮助我们在真正倾听对方时更好地保持同理心。

总结和复述

总结和复述技巧能够帮助我们：

·向对方展示我们听到的内容。

·检查我们已经理解对方想要表达的内容。

·让对方明白我们的重点在于倾听。

当我们复述时，就像一面语言镜子，向对方展示他们说过的内容。请查看以下示例：

倾诉者：我一直失眠，晚上睡不着觉，担心邻居接下来采取的举动。

倾听者：你晚上一直失眠，是在担心邻居接下来会怎么做？

倾诉者：是的，我很担心他们会做些蠢事，比如拆了围栏。

倾听者：你担心他们可能拆了围栏？

倾诉者：是的，或是其他行为。我不知道他们能做出什么事来，他们能做出任何事情。

倾听者：你不确定他们会做什么？他们可能做出任何事？

最初你可能不习惯复述，感觉是在模仿对方说话。这种不适感是阻碍复述的唯一障碍。但复述时我们往往能够发现，对方会松了一口气，因为他们有机会向别人诉说自己的经历，并确定得到了倾听。

复述会迫使倾听者将注意力完全放在对方所说的内容上，这样可以帮助我们理解对方真正想表达的意思，而不是我们假设的想法。这是我们回放所听内容的机会。

我们在复述时无须同意对方的观点，只需要完整地倾听并理解他们所说的内容。当我们这样做时，对方一般会扩充我们的总结，解释我们可能产生的误解。对方会感到自己被尊重，愿意继续倾诉和表达自己的观点。

当我们总结时，我们以简短的语句重复对方所说的内容，但不改变他们的观点。我们挑选主要内容并重复对方说过的关键词。

当我们总结时，与复述一样，我们需要做好心理准备，可能会误解对方的暗示或说过的内容。为检验我们是否正确理解对方，我们可以在总结前说，"如果我说得不对请纠正，你是说……"或"我理解的意思是……我理解得正确吗？"有时我们理解的意思与对方表达的不一致，为了正确地总结和复述，我们需要接受误解对方的可能性。

同样，当别人总结或复述我们所说的内容时，也可能与我们的表达方式不一样。所以在你逐字逐句总结或复述对方所说的内容后，对方或许还会认为你理解得不对。最初我们会认为自己犯了错误。但是当说话者通过你的复述重新听到自己所说的内容，他们首先会认为你理解有误，随后或许会发现是自己没有正确地表达。无论是因为他们没能表达清楚，还是因为你理解得有偏差，这都不重要。我们可以使用同样的技巧纠正。请看以下示例：

倾诉者：安妮很难相处，还总是妨碍别人工作。我将是她的下一个受害者。

倾听者：你认为安妮妨碍了你工作？

倾诉者：不是，但是我认为她打算这么做。

在这种情况下，纠正方法是再次表明你理解了对方的意思。

倾听者：所以你认为她将来会妨碍你工作？

倾听可以帮助对方表达自己的想法，更加确认自己的观点，感觉被尊重。如果他们修改你的总结或复述，说明它们具有价值，你已达到了总结或复述的目的。

有时我们难以区分什么是总结，什么是复述，它们之间不可避免地存在交集。以下表格展示了两种技巧之间的区别。

倾诉者	倾听者	
	总结	复述
我的父母病得很严重,这对我来说简直就是一场噩梦。我父亲的痴呆症越来越严重,我认为我母亲已经不能再照顾他了。但她似乎不能接受这个现实,于是所有事情都按下了暂停键,担子全部放在了我肩上。我父亲在家里到处制造事故,而我母亲完全应对不了。更糟的是,我母亲还被确诊为乳腺癌。	因为父母生病,你遇到了很多困难。	你父亲的痴呆症和母亲的癌症对你来说就像一场噩梦。你的母亲拒绝接受现实,你是唯一能够面对问题的人。
这对我来说像晴天霹雳,我彻底崩溃了,我和父母非常亲密,没有他们我真的不知道该怎么办。	你的个人生活遭受了巨大的打击。	你感到绝望,不知道父母离世后你该怎么办。
我知道自己的精神状态不太好,对于整件事的反应很疯狂,所以我以为员工援助项目能够为我提供帮助。公司不是总说支持员工、关心员工的心理健康吗?但是人力资源部门一直没有回复我,之前这个项目的负责人已经离职,现在换了其他负责人。	你希望从公司获得帮助,却毫无所获。	你的心理健康受到了影响。你希望员工援助项目能够为你提供帮助,结果令你失望。该项目的负责人发生变动,加剧了你的困难。
我丈夫还在身边时,我还勉强应付得过来,但是他刚刚开始为期3个月的驻外工作,只有周末才能回家,况且驻外工作也没有多赚多少钱。我不知道该如何同时应付孩子和工作。	你遭遇的困难还包括丈夫的工作变动和照料孩子。	你的丈夫本来能够帮助你照顾孩子,但是他刚开始为期3个月的驻外工作。你需要托管服务,却担心经济上负担不起。
我很抱歉,但是我不敢相信你竟然没有发现我的难处。每次处理父母家的事时我都会打电话请假,因为照顾孩子而不能上班时我也总会弥补缺勤时间或在家工作。你甚至还看到过我因为母亲的事情红肿着眼睛从卫生间走出来。	你认为我应该注意到你最近心情低落。	你很惊讶我好像没有注意到你的情绪,例如当你红肿着眼睛从卫生间走出来时,我却没有留意。你认为当你需要照顾父母或孩子时已经通知了我。你经常需要处理父母家的种种意外,你认为已经弥补了因为个人原因而耽误的工作时间。
你只想说明我的工作表现有多糟糕,列举我的种种过错,让我走人。	你认为我想辞退你。	你认为我似乎想告诉你,你的工作表现很糟糕。我想要启动离职程序辞退你。

倾听者需要十分小心地使用总结和复述方法。当人们谈论我们、与我们有关、我们支持或负责的团队时，我们首先想做的就是回应或表明我们的观点，捍卫自己或自己的团队。我们还会在总结时精心组织语言，避免被责备，还会向对方阐明我们的观点。在这种情况下，我们必须：

· 注意为自己辩护的行为。

· 谨慎选择语言，确保我们的复述和总结尽可能中立。

· 如果我们的总结或复述变得充满争论、试图为自己辩护，请准备好做出调整。

当我们是冲突的一方时，我们应当时刻提醒自己，总会有机会做出回应，要先广泛地倾听，充分了解对方的观点。

在这种情况下我们很容易做出推断或评判，所以需要避免在总结时这样做。因此请不要说："你认为我对你的工作表现不满意。"你可以说："你是说，你认为在我的印象中，你的工作表现很糟糕。"这样我们虽然没有同意对方的观点，但是对他表现出了尊重。我们还需要避免做出评判，否则对方会因此感到没有被倾听和被尊重，不愿意说出自己的想法。这样可能会导致沟通失效，冲突再度升级。

重新构建

当我们重新组织语言时，我们是在有效地总结或复述，改变问题的结构或形式。

　　倾诉者：这种情况持续了太长时间。我不想再这样下去了。

　　倾听者：你十分希望停止这种情况，做出改变？

　　倾诉者没有说他们希望做出改变，但是说不希望情况继续下去。倾听者从倾诉者消极的陈述中推断，他们其实是希望做出改变，于是将消极陈述重新组织为积极陈述，便于倾听者为其提供帮助。毫无疑问，倾听者的判断或倾向在重新组织中起到了一定作用，但是我们需要小心，不要为倾诉者强加希望。通过重新组织，如果我们没有正确反映倾诉者的观点，他们一般会积极地指出我们的错误、停止沟通或不再坦诚交流，我们可以通过这些方式发现自己的错误。我们可以修改总结、复述或重新组织来准确反映倾诉者的观点。

　　当我们以这样的方式倾听时，可能会忘记需要告诉对方什么，尤其当我们希望为自己解释或辩护时。不过如果我们按照第六章第一阶段的建议准备，总能找机会再次提出自己的观点。同时，倾听意味着我们可能改变自己最初的想法，放弃某些观点、不再焦虑，集中精力处理最重要的事情。

　　当我们以这样的方式倾听时，我们应当避免提问，除非是这样的开场白，"你最近怎么样"或"你愿意聊一聊最近发生了什么／什么让你感到困扰吗"。只有不提问，人们才能向我们讲述他们的故事，关注对于他们来说最重要的事情，不会在我们的问题引导下，将重心转移至我们身上。

理解话外音

理解话外音意味着深入探索倾诉者内心的想法。我们可以通过多种方式做到这一点：

- 留意他们的身体语言——他们的手臂或腿是否交叉在一起，他们是否汗流不止。
- 倾听他们故意跳过或一带而过的重要信息，这些信息或许会令他们感到痛苦。
- 细心留意他们说话时的感受——我们倾听时的感受有时也能反映对方的感受。

我们注意到非语言沟通的内容可以作为总结或复述的一部分。我们需要明白，这是我们自身对对方倾诉内容或表现的体会和理解。

这样我们可以为对方提供空间，来纠正我们的误解。例如，"当你谈论这件事情时转动了眼睛，是因为对方的行为令你感到受挫或气愤吗？"

保持倾听的空间

耐心对待沉默，倾听者往往就会在广泛倾听中受益。耐心意味着等待倾诉者组织合适的语言，厘清观点以及完整地说明来龙去脉。

我们一般只需等待几秒钟，让倾诉者有机会思考他们想要表达的观点，或在犹豫不决时组织语言。这样双方就可以敞开心扉对话，增加信任，更加真诚。倾诉者会感到我们倾听的目的不是做出回应，而是希望倾听他们的真实想法。

在这几秒钟内为对话增加空间，控制自己，虽然这些做起来颇具挑战，不过请尽量尝试几次，你会发现对话会朝着我们未曾意料的方向发展。

我们练习广泛倾听的次数越多，就会应用得越自然，越成功。广泛倾听获得成功的表现是，倾诉者感到被倾听，开始真正听到自己的声音，开始思考并开发具有创意的选择。

如果你希望练习广泛倾听，请遵循以上指示，写下你的感受。

_____

_____

你认为对方的感受和想法是什么？

_____

_____

你发现自己在什么事情上会评判对方？

_____

当你耐心等待时发生了什么？

第十二步：实践广泛倾听

当我们广泛倾听时，提问的需求就会降低，因为倾诉者通过倾听者的复述或总结听到了自己的声音，回答了其中显而易见的问题。

提问的缺点在于，我们会利用问题转移倾诉者的注意力，将他们引导至我们的假设和议题上来。所以提问时需要十分谨慎。虽然如此，提问仍是倾诉者和倾听者了解情况和增加选择的重要工具。

广泛倾听的目的是促进解决方法的产生，而非解决某个问题。广泛的问题能够促成对话，鼓励人们反思、详细说明、彼此对话并深入思考。需要我们认识到，即使自认为知道答案，事实或许并非如此，我们得到的答案没有边界。

虽然我们想要迅速解决问题，但是只要我们注意提问的方法，就能将解决问题的冲动转化为行动。我们很容易通过提问题传达观点和评判，导致倾诉者不再自己寻找解决方法。所以我们需要积极谨慎地使用开放式问题协助倾诉者。

我们一般使用开放式问题开启对话，使用封闭式问题探究细节。封闭式问题的回答是"是"或者"不是"，而开放式问题则不然。除此之外，我们还需牢记，最实用的问题是自己无法假设答案的问题，以及不产生责怪的问题。我们谨慎地利用问题帮助倾诉者深入挖掘，找到完整的解决方案，而不是倾听者眼中有限的解决方法。

开放式问题

以下开放式问题能够打开对话：

你想谈些什么？

你的意思是……？

你希望我或你的同事做些什么？

你认为我们还应该谈些什么？

请牢记，某些有助于获得解决方法的关键问题我们已经问过自己：

你想要的结果是什么？

你想要的结果看起来是什么样子？

你 / 我还有多久才能获得想要的结果？

你／我需要做些什么才能获得想要的结果？

封闭式问题

我们还需要知道，只需回答是或不是，或答案只有一个字的封闭式问题并不实用，有时还会结束对话：

你／我是否……？

你／我能否……？

你是否希望我这样做？

检查问题

检查问题往往是（但并非总是）封闭式问题，但是它们能够在总结和回顾时维持良好的关系，还可以让对方有机会阐明自己的观点。

我是否可以查看……？

这样听起来怎么样？

这是你的意思吗？

我理解得是否正确？

广泛倾听主要在以下方面提供协助，找到解决方法，而非直接解决问题。

封闭式问题		协助式问题	
我们说什么	我们暗示什么	我们说什么	我们暗示什么
发生了什么事情?	谁对谁错?	你愿意谈一谈发生了什么吗?	你希望从什么角度讨论这个问题?例如,在这一问题中什么对你最重要?
你没有做什么?	我是不是比你懂得多 / 你自己不能解决这个问题。	你是否想过……?	我认为你可以这样想,你认为呢?
你为什么没有这么做?	你应该这么做。	如果你这样做了,可能会发生什么? / 如果【 】,会发生什么?	我建议你考虑一下这个方法。我不在意结果,也不会因为你之前没有想到这一点而对你做出评判。
你告诉我说……	我认为你的意思是……你很难说服我改变想法。	我理解你的意思是……我说得对吗?	我理解你对于事情的看法是……但是你可以随时纠正 / 澄清。
你难道不明白……?	我已经很清楚你明白和不明白的事情。	是否可以换个角度看待这件事情?	如果你改变看问题的角度,事情会不会看起来不一样?你愿意试一试吗?

你可以使用以下方法练习广泛倾听和提问:

· 使用非常开放的问题开启对话。

· 至少在最开始的 5 分钟内避免提问,只是广泛倾听。

· 提问前检查自己的观点——你认为答案是什么。

· 尝试改变自己的观点,改变提问,例如不要说"你为什么不这么做"而是说"你是否考虑过这样做"或"你是否愿意分享你对这件事的想法"。

·检查自己的行为，反思自己是否引导对方朝着某个特定方向前进，试图控制对方做某件事情。

·在对方回答你的问题时广泛倾听。

·如果遇到僵局，可以问"你希望获得什么结果"或"我们是否可以重点讨论你希望获得的结果"。

第十三步：谈判

为谈判做好准备后，你将清楚地了解自己的底线和顶线在哪里，什么对自己最重要，什么对对方最重要。你还将知道关键问题是什么，哪些问题可以置之不理。你需要事先了解这些问题的答案。

我们还需要谨慎地选择战略和方法。如果我们实践所有方法，就会发现谈判的性质或重点会发生改变。例如，我们可能就某些问题达成一致，其他问题却接踵而来，对方的反应或许与我们预想的不同，我们的观点可能会改变。因此，我们应该在谈判过程中灵活应变，当谈判风格和策略发生变化时，清楚自己的选择有哪些。

原则重于个性

谈判的目的一般是获得你希望的结果。在谈判过程中，如果我们的注意力受到对方行为（个性）影响，就会阻碍我们获得希望的结果。

当我们被对方的行为激怒时，就会忘记自己真正想要的东西（原则），因此而迷失方向。这会导致我们不再追求自己的目标，完成谈判，而只是回应对方的行为。

选择你的谈判策略

我们有时会不加考虑，选择并非最优的谈判策略。有时我们还会发现自己对对方的策略做出无意识的反应，而这种反应对谈判无益。所以，我们应当了解自己与对方有意识或下意识使用的谈判策略，在谈判过程中不断评估策略的有效性。

以下是几种常见策略。

①讨价还价

当我们讨价还价时，就像在市场摊位买 / 卖商品。一方提出一个较大数字，对方回复一个较小数字，你来我往，直到双方不情愿地就最高价和最低价之间的某个随机数字达成一致。

如果你采用这一策略，需要谨慎考虑自己的提议，牢记人们一般首先从（第一个提议的）1 跨越至（第一个提议的）

4 或 5，随后调整至 6 或最终位置。在这一基础上，如果你谈判的是随机交易，请确保你的第一个提议考虑到对方在达成一致前需要调整的范围。

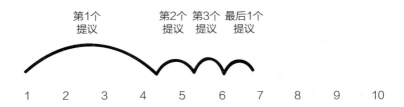

该策略的优点是：

· 无须同意谁对谁错也可以达成一致。

· 推动谈判向前发展。

· 明确范围。

· 说明冲突持续的风险具有随机性。

该策略的缺点是：

· 很难理性判断达成一致的结果。

· 具有失控或感觉失控的风险。

· 提出不现实的提议可能会令谈判对象疏离你。

② "谁先眨眼"

"谁先眨眼"策略是，当我们试图让对方先提议时，我们希望他们的提议比我们打算接受的要好一些。这意味着我们无须亮出自己的底牌，但是判断谁先让步是一场赌博。

该策略的优点是：

·明确了对方的期望。

·提供了谈判的依据。

该策略的缺点是：

·你或许会透露，自己希望达成的结果比对方提出的更好。

·你或许会表明自己的预期与对方差距甚远，需要继续谈判。

③仔细听我说

某些谈判者会坚持自己只有一个提议或立场，不会动摇。有时通过小小的测试，他们就会妥协，但是这一方法清楚地表明妥协空间很小。

该策略的优点是：

·你很清楚自己的立场，表现得非常强势。

·对方可能认为他们不得不接受你的提议，否则将无法达成一致。

该策略的缺点是：

· 你可能表现得不肯让步，不希望谈判。

· 你可能破坏在灰色区域内谈判的机会。

④寻求双赢结果

通过深入了解对方的谈判立场，了解对方希望获得某个结果的原因，找出双赢的解决方法。

我们遵循企鹅兰登书屋出版的《谈判力》（*Getting to yes*）中列举的核心原则，就能很好地获得双赢结果。

· 不要过于关注谁对谁错，要更多地关注共同的利益和需求。虽然这么做很难，但是我们需要远离指责和惩罚。集中精力发现双方的共同需求，在共同需求的基础上找到解决方法。我们简单地用一个选择题总结为："你是选择正确，还是选择快乐？"

· 优先思考具有创造性的想法和观点。产生创造性想法和观点的关键在于广泛倾听和提问。更重要的是，如果双方都能做到这一点，就会产生更多想法，也会打开积极寻找创造性解决方案的大门。哪怕只有一方广泛倾听，也能产生更多创造性想法和选择。

· 共同努力，建立客观"标准"。我们产生冲突的常见原因是使用了不同标准。一方往往很难同意另一方的标准。一方或许希望与对方在早晨8点会面，而另一方前一晚工作至 11 点，所以上午 10 点对于他们更合适。在这种情况下，双方可以寻求客观标准：别人是怎么做的，类似情况一般怎样处理，专家怎么说。可以参考办公室其他人的做法或其他企业的做法。也可以咨询独立的专业人士或专家，询问遇到过相同情况的人。如果双方能够合作搜索标准，就更容易接纳这些标准，而不是为此而争论不休。

以上原则出自哈佛谈判项目开发的原则式谈判项目，《谈判力》一书中也有列举。该书由罗杰·费舍尔和威廉·尤里编写（第二版的作者增加了布鲁斯·巴顿）。

辨别并管理谈判风格

托马斯·基尔曼的冲突模型工具列举了谈判的 5 种基本方式。根据习惯，我们倾向于选择自己喜欢的风格，但是也可以有意识地选择最利于解决当下问题的风格。我们越尽可能地熟悉不同的谈判风格，就越容易辨别对方在谈判中采用的方法，从而与之配合完成自己的目标。

谈判风格与谈判策略不同。谈判策略包括我们希望获得的实际结果以及如何获得这样的结果。调解方法框架的第一阶段列举了谈判策略，明确顶线和底线，获得顶线和底线的过程以及所需工具。策略包含选择我们希望采用的谈判风格，确保它是当下最有效的选择。当我们选择谈判风格时，需要平衡最喜欢的风格和最适合的风格。策略型谈判者会问自己：

· 离开自己的舒适圈是否对我有帮助？
· 如果我的谈判风格没有效果，是否还有其他选择？
· 采用我最喜欢的风格是否更有利？

我们的谈判风格由我们的动机引导，并且能够掩饰我们的动机。我们的动机可以是"关注自己或大家"，激发合作的意愿；或正相反，只关心结果，促使我们维护自己的需求，赢得谈判。根据托马斯·基尔曼的冲突模型工具，5种谈判风格分别为助人、回避、竞争、妥协和合作。

①助人

助人的方式引导我们不必关注自己的需求，从而与对方合作。当我们认为自己犯了错误需要弥补时，我们会采取这一方式表现自己的慷慨。当我们需要维持现状，或认为当下的情况比自己的需求更重要时，也会采取这一方式。主动满足别人的要求和不得不满足别人的要求并不相同。当我们不得不满足别人的要求时，会感到没有回报，产生怨恨心理，破坏我们与自己和与对方的关系。为避免这种情况，我们需要检查自己的动机，为自己做出的决定承担责任，确保不会成为该决定的受害者。

　　弗雷迪是一个小型慈善机构的经理，他与萨拉共同管理许多项目。萨拉有一个小宝宝，所以经常迟到早退，有时还会在最后时刻要求弗雷迪帮忙。开始弗雷迪很愿意帮忙，但渐渐感到不公平。他开始与其他同事谈论萨拉，询问他们是否认为萨拉无力承担这项工作。

　　萨拉有所察觉，询问弗雷迪是否出了什么问题。弗雷迪说自己感到总是帮萨拉对自己不公平。萨拉意识到她从没向弗雷迪表达过感激。随后，他俩都认识到，当弗雷迪不想帮忙时，可以对萨拉说"今天不行"。萨拉还意识到，当弗雷迪需要帮助时，自己也应该伸出援手。

　　当某人愿意与你合作时，怎样做才能获得最佳结果？

　　询问对方他们需要什么帮助能够彻底扭转局面。除此之外，你也可以对别人做出的妥协表达感谢，尤其当妥协行为在某种程度上带来不快时。

②回避

　　当我们回避时，我们不与对方合作，也不维护自己的需求。回避我们无法处理的问题，或回避其他人（经理、顾问）能够更好处理的问题，可能会达成更好的结果。但是当问题无人理会时很难发生改变，回避会令人们感到不确定和不被倾听。

【案例学习】

　　简是一家医药公司的总监。艾玛是她的下属，她们配合默契，共事已超过 10 年。艾玛是一名非常忠诚的员工，每年都超额完成目标。可是当她的父亲病倒时，她的工作业绩开始下滑。简认为艾玛的心思不在工作上，与客户开会时表现得也很糟。简担心艾玛之前负责的一位客户可能会离开她们。于是简让另一位同事负责这位客户，并且向艾玛发送电子邮件告诉她这个消息。艾玛希望开会讨论一下这个问题。简说她会组织会议，但是她当时太忙了。简还推迟了绩效考核会议。艾玛不断尝试约简开会和她聊一聊，但是她越想见面，简就越说自己没时间。

　　在忠心耿耿为公司服务多年以后，艾玛决定离开公司。简挽留艾玛，但是艾玛说已经太晚了。

当某人回避时，怎样做才能获得最佳结果？

　　当某人回避问题时，我们可以温和但坚持不懈地邀请他与我们沟通。这与持续不断地提出要求有区别。坚持不懈的邀请能够让对方知道——沟通对我们很重要，但是我们尊重他的边界。如果邀请尝试失败，另一个折中方案是，接受对方不希望处理或讨论问题的态度，寻找其他方法化解冲突。

③竞争

竞争是一种坚定但不合作的冲突化解方式。我们采取竞争的手段是因为希望维护自己的想法，解决问题。在紧急情况下，当人们需要果断做出决断时，竞争也是一种有效的方法。但是竞争会破坏团队或社区团结，因为它会边缘化努力取得最佳结果的声音或观点。因此，哪怕是心怀好意的竞争型当事人，虽然取得了最初期待的结果，他们也会感到被其他人疏远或误解。

【案例学习】

吉米在一栋维多利亚式公寓楼内承租了一套独立公寓，他是楼内的5位长期承租人之一，还是拥有该公寓永久产权公司的联合总监（与其他承租人一起）和会计。其他承租人安排吉米管理该公寓，并在公寓需要翻修时支付相关费用。

最近，承租人费萨尔的公寓内发生了事故，导致一氧化碳泄漏。没有人受伤，但是楼顶损毁严重。

吉米写信给费萨尔说，他需要承担屋顶维修的全部费用，否则就要中止他的租约。但是吉米没有征求永久产权公司其他

总监的意见。费萨尔的律师做出了回应，费萨尔还与几位承租人对质。多数承租人对于卷入这场纠纷感到十分气愤，并在总监会议上质问吉米。吉米强硬地回应了其他总监，因为他认为自己是为了大家的利益才这么做，而他们只是"坐视不管"。结果其他住户不再与吉米和费萨尔说话，各自拉帮结派。结果，究竟谁来支付维修费用的争论持续了几个月。

当某人表现出竞争意识时，怎样做才能获得最佳结果？

具有竞争意识的人看起来就像一辆推土机，我们可以假设，他们会不顾一切地获得自己想要的结果。他们这样做往往是因为认为自己有解决方法，或认为自己是解决问题的最佳人选。

如果我们询问他们的动机，可能就会理解他们为何采取这样的行为。这样也会帮助具有竞争意识的人思考自己的行为，让他们发现自己无须孤军奋战。同样，坚定并谨慎地告知对方我们的观点和责任也会有所帮助。

④妥协

妥协处于所有谈判风格的中间地带。妥协的一方希望找到让所有人基本满意的解决方法。这种方法的优势在于能够在某些方面达成一致，解决某些问题或满足某些需求。因此冲突涉及的所有人都可能在一定程度上获得胜利。妥协还能在较短的时间内解决问题，无须讨论过多细节或造成过多分歧。

我们会发现妥协是在竞争和助人基础上后退一步。但是，妥协只能解决表面问题，无法探究深层问题。

【案例学习】

乔尔是一位不动产投资人，桑迪是一位装修设计师和项目经理。他们合作了很多年。桑迪同意以 5 万英镑的价格为乔尔装修房子，装修费用原价为 7 万英镑。打折的原因是乔尔告诉桑迪，他马上会启动一个大型商业项目，将请桑迪负责。唯一条件就是桑迪必须在 6 月前完成乔尔房子的装修工作。

装修时产生了额外工作。所以桑迪最终向乔尔收取了 6 万英镑的费用。乔尔要求桑迪出具人工费用的发票，但是桑迪没有提供。乔尔认为装修还未完成，要求桑迪继续工作，桑迪照做了。乔尔最终在 9 月搬进了装修好的房子。

经过双方律师谈判，乔尔同意最多支付桑迪 2 万英镑，因为他认为 "桑迪什么都没做"。他还说有证据表明，桑迪在为自己工作期间还接手了另一份工作。最后乔尔声称，桑迪本来承诺由装修工人负责的工作其实是她男朋友完成的。乔尔建议他俩坐下来喝杯咖啡聊一聊。但桑迪拒绝了乔尔，因为她不敢相信乔尔竟然认为她是这样的人。她只想 "要回应得的钱然后不再与他有任何瓜葛"。虽然这么说，但她私下承认乔尔的指责有一部分是真实的。

经过几次剑拔弩张的邮件往来，乔尔最终又支付给桑迪3万5千英镑。乔尔曾经引荐的客户再也没有雇用过桑迪，乔尔自己也不再雇用桑迪。而桑迪的事业主要依赖客户推荐，但是这条路再也行不通了。

虽然他们达成了妥协，但是乔尔认为，如果桑迪当时同意与他聊一聊，保持合作的态度，哪怕她确实像乔尔怀疑的那样偷工减料，他们之间的工作关系或许还有挽回的可能。

当某人妥协时，怎样才能获得最佳结果？

辨别并认可妥协一方的优先事项很重要，这些优先事项包括解决问题的速度、避免深层次的讨论，对你也很重要的事情等。当你辨别并认可这些事情后，可以向对方说明你也希望优先处理这些事情。如果你能简化并分解这些问题，或许就能更好地鼓励对方面对这些问题。

⑤合作

合作是一种坚定的谈判风格，是回避的对立面。当我们合作时，我们就会进入深层次的讨论和谈判，在探索对方立场、利益和需求的同时，也会明确自己的立场、利益和需求。合作双方的重点在于找到能够完全满足双方需求的解决方法。

当需要一个全面的解决方法或可以妥协的空间很少时，合作尤为重要。当冲突双方需要学习并了解彼此，或者通过多方面了解信息才能解决问题时，合作也非常实用。合作还能帮助我们探索关系破裂时的感受和分解事实时的感受。

合作的益处在于，在深层次探索问题以及建立共识的过程中，双方都会努力寻找解决方法。这样达成的共识才更具可持续性，因为这是双方共同努力、共同参与的结果。

【案例学习】

安东尼和马特共同创立了他们的烘焙店，已成功经营了 15 年。安东尼事事亲力亲为，马特负责财务工作。他们的生意越做越大，于是马特把自己的妻子朱莉招来帮忙。当时安东尼非常愉快地同意了，因为马特的妻子曾是一家大型烘焙连锁企业的财务总监。

在朱莉任职的前几个月，安东尼和她发生过几次争执。朱莉认为安东尼对购买决策不负责任且不合理。她还担心烘焙店里的食品安全问题。她告诉安东尼烘焙店的日常经营杂乱无章。安东尼则认为朱莉"花钱大手大脚"，她没有意识到烘焙店的规模比她之前工作的企业要小得多，她太铺张浪费了。当朱莉向安东尼展示她的工作以及对烘焙店的远景展望时，安东尼却认为她把自己当成了白痴，于是他告诉马特打算出售手中的股份。

通过合作性对话，安东尼认识到以下事实：
- 朱莉的经验十分丰富，但是他认为朱莉瞧不起自己。
- 他不想多花一分钱，但他不知道企业财务如何运作。
- 他知道自己的烘焙店需要更好的财务和运营管理。
- 他在产品和商业开发方面具有天赋。
- 他担心朱莉和马特想把他挤出公司。

朱莉认识到以下事实：
- 她没有认可安东尼之前的优异工作成就和创造性天赋。
- 她十分期望抓住这个绝好的机会。
- 她过于热情地想为正在发展的小企业引入大公司使用的系统。

马特认识到以下事实：
- 他希望获得新的挑战，退出日常经营工作。
- 他没有和安东尼或朱莉讨论过变化带来的影响。
- 他依旧愿意为企业发展提供帮助，但是希望退居幕后。

通过一系列的合作性对话，朱莉和安东尼认识到彼此对烘焙店的热情，朱莉表示她可以帮助安东尼分担一些运营工作。安东尼也感到自己被倾听，努力得到了认可，能够集中精力开发新产品和潜在的商业机会。从那之后，朱莉和安东尼能够就企业发展开展建设性和创造性对话。于是他们同意，正式明确双方的职责，并考虑就未来发展的切实计划达成一致，包括管理层和组织结构的变化。

马特和安东尼意识到，虽然他们的商业关系十分成功，但是已经发生了改变，是时候减轻马特在企业中的责任了。他们认为这段鼓舞人心的商业关系需要进一步发展，于是同意马特保留董事会成员职务，同时可以追求自己的其他兴趣。他们还同意每月一起吃一次早餐，讨论商业想法、彼此的近况，为对方提供建议、支持和灵感，但无须共同工作。

第十四步：跟进

一旦谈判结束，我们一般就默认为双方都会履行自己的承诺。但是我们需要明白，履行承诺的过程中或许会遇到问题。我们可能会退回原点，忘记自己的承诺或无法兑现承诺。

这样很容易导致一系列新的怨恨和冲突，尤其是当双方预计问题即将解决时。所以，双方应当就可能发生的问题提前做好应对方法，当未来没有按照预期发展时，要思考应当如何共同努力，相互沟通，解决问题。

谈判结束后，如果需要执行某项交易，跟进工作就会非常简单，只需发送邮件确认交易已执行，例如已付款。但是，如果谈判涉及持续发展的关系，那么我们就需要讨论跟进工作的进展，设定讨论内容和时间，就像对待第一次谈判一样做好准备工作。

同样，如果谈判的结果是需要对方采取某些行动，那么就重要行动的跟进时间或通知达成一致，能够避免再次产生冲突。例如，邻里间达成一致，打算移除一棵枯树，跟进计划可以包括：

· 联系当地政府机构（在特定时间内）。

· 确认政府机构已收到申请以及他们的详细时间表。

· 政府机构已审批。

· 通知移除树的日期。

· 如果谈判后 6 个月还未解决问题，设置跟进工作日期。

| 第八章 |

原则 4：管理解决方法
——温和的调解任务

本章将讨论通过引入"冲突解决代理"的角色，帮助当事双方解决激烈程度较低的冲突。文中不但会提出解决方法，还会列举使用原则。你或许不能一次掌握所有的方法。没关系，慢慢来，你可以随时寻求帮助。简而言之，我们将讨论如何解决非激烈纠纷的各个阶段：

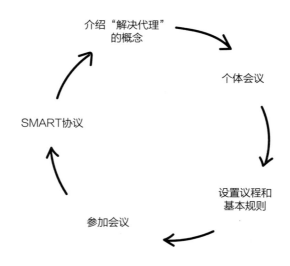

冲突解决代理

陷入争端的双方经常寻求第三方帮助，以获取解决方法。第三方可以是被公认为具有权威的人士，例如经理或人力资源部门领导等。在这种情况下，争端可能涉及第三方的利益，或第三方对当事人具有管理权。因此他们不具有调解员的公正性，所以他们不是调解员，也不能担任正式调解任务。不过虽然争端涉及他们的个人利益，但如果能够按照以下步骤调解，他们也能像调解员一样帮助双方找到解决方案，避免激化冲突。

本书使用了"冲突解决代理"一词，不同机构和个人可能会使用不同名称。冲突解决代理的工作与冲突指导员或调解员工作类似，冲突指导员还可能转化为冲突解决代理。二者的区别在于，在一般情况下，当冲突双方化解矛盾后，冲突解决代理也会从中受益，而冲突指导或调解员则不会。

另外，冲突指导员或调解员不应当设立未经冲突双方同意的议程。而冲突解决代理的职责范围包括但不限于帮助对方解决问题。冲突解决代理的利益会影响问题解决的过程，在某种程度上，他们也是冲突的当事方之一。不过他们能够代表公司或经理的立场，确保对话不偏离实际。

与冲突指导员一样，冲突解决代理责任重大，需要接受培训和他人的支持，并经常练习。在运用下列方法时，如果你遇到困难或难以应用相关原则，可以随时暂停，然后思考或寻求帮助。

界定冲突解决代理的职责范围，因为在化解冲突的过程中创造安全感，信息透明十分必要。冲突解决代理应该按照以下原则确保化解冲突的过程是安全、坦诚的。

介绍你自己

冲突解决代理需要营造一种氛围，在这种氛围下当事双方愿意对其打开心扉，坦诚交流。为达到这一目标，冲突解决代理应该：

· 坦诚地说明他们的利益以及希望解决问题的决心。

· 在讨论过程中要避免维护自己希望的结果。

· 表达会尽力保证公平公正的意愿。

· 避免提供解决方法。

· 避免评判。

· 支持当事双方。

· 不提供解决方法，相信双方的能力。

· 对双方提供的信息保密。

· 如果无法解决问题，愿意接受调解员或其他人的帮助。

在一开始就表明以上立场的最佳方法是准备一份开场白，同时或分别对当事双方说明自己愿意帮助双方解决问题的意愿，解释自己的角色立场。如此，他们就会了解你希望保持公平的决心，以及坚定遵守的原则。以下为开场白示例：

"我希望帮助你们解决问题，因为【它不仅影响你们个人，还会对团队造成影响】。我相信你们能够找到合适的解决方法，无论结果怎样，都会化解矛盾。你们告诉我的任何信息我都会保密，也不会对此做出评判。如果我认为你们告诉我的某些事情可以告诉他人，我会事先通知你们。你们也可以思考，希望自己或我以怎么样的方式告诉他们。另外，如果我了解的信息对公司有帮助，我会告诉你们是哪些信息，我们可以讨论是否告诉公司，或以何种方式告诉公司。我不会告诉你们怎样做，但是我会帮助你们找到解决问题的方法，我相信你们一定可以做到。"

为练习该技巧，你可以用自己的话写下开场白。

_____

_____

把控问题解决的过程

虽然在解决问题的过程中灵活变通很重要，但是认识到——人们有特定偏好，以及事情总会发生改变——有助于制订计划，以解决问题。制订这样的计划需要大家共同努力，召开联合会议，在某些情况下还需要冲突解决代理将一方的消息传递给另一方。

告知当事双方你可能采取的方法和行动，有助于化解冲突。你还可以提前和一方说明，你需要花更多时间与另一方沟通，但这并不是偏袒他，而是因为你需要深入探索问题的根源，好为双方提供支持。

分别与当事双方举行会议

在共同见面前，先与冲突各方约好会议时间。这样做的主要原因有：

- ·与各方建立信任。
- ·帮助各方发现关键问题和要优先解决的问题。
- ·帮助各方厘清他们想对彼此说什么。
- ·评估双方是否有交流的空间。
- ·发现双方的共同点。
- ·发现无法达成共识的领域。
- ·确定自己是不是这次冲突解决代理的最佳人选。

公平性是会议能否成功、能否赢得双方信任的关键。与双方的会议时长相当、在会议中采用相同的方法（广泛倾听和提问、阐明问题并为问题的重要性排序）有助于达成这一目标。冲突解决代理不可偏袒任何一方。

因为如果其中一方认为你不公正，他很可能会表现出对抗情绪。

【案例学习】

杰克和乔西不和已有几个月时间。他们都在争夺总监一职。杰克认为乔西和公司排斥他是因为他时常请病假，而乔西则说杰克的工作表现不尽如人意，连累了整个团队。他们的副总裁阿比德承担起冲突解决代理的职责。但是阿比德将大部分日常业务交给乔西负责，所以与乔西的交流更多。

阿比德逐渐意识到，杰克的抗议让他对杰克产生了不满。在这种情况下，阿比德决定请一位独立调解员解决问题，确保冲突得到谨慎处理。这样他就能保证不公平心理不会影响问题解决的过程。

当然，如果阿比德与杰克讨论他的这一想法或许也能化解矛盾，但是阿比德需要相当高超的技巧才能做好这件事，而他坦承自己并不具备这样的技巧。最终，冲突得以完美化解，双方非常满意，阿比德也能够重新与杰克建立友好关系。

有时保守秘密很难，所以更现实的做法是接受某些秘密很

难保守这件事本身。例如某些事情公开后会对企业或企业中的个人造成伤害。虽然多数情况下能够进行保密对话，但是对于冲突解决代理认为需要公开的信息，最好在对话前讨论清楚信息公开后会导致的后果。为说清自己的观点，冲突解决代理可以这样说：

> "我希望确保你能够放心地与我交流，因为开诚布公的沟通能够有效地解决问题。我很愿意对我们的谈话保密，但是你需要知道，如果我认为你告诉我的事情可能会对公司、股东或客户带来风险，我们必须讨论处理这些信息的最佳方式。你还需要知道我或许有责任公开这些信息。"

冲突解决代理最好不要代表一方与另一方沟通任何信息。不过如果你认为必须这样做，请确保：

- 写下一方希望与另一方或公司沟通的信息。
- 检查所写内容，确保与希望沟通的内容一致。
- 再次确认他们希望沟通这些内容。
- 检查是否遗漏任何信息。

召开联合会议

联合会议有很多好处，它可以邀请双方自然而然地展开对话，无须提供协助。

冲突解决代理在联合会议中的主要任务是营造利于沟通的环境，帮助双方获得他们希望的结果。

管理议程

管理议程包括确保双方具有清晰的议程，遵守议程以及约定时间。

设立基本规则和边界

基本规则和边界可以为冲突解决代理和当事双方提供支持，包含以下内容：

· 每个人都有时间表达自己的观点，不能被打断。

· 每个人都需要遵守时间规定。

· 不能使用侮辱性语言或暴力行为。

· 保证对会议内容保密，或同意会后由谁、向谁、公开哪些信息。

· 冲突解决代理的职责范围。

创造空间，帮助双方了解对方和自己

解决代理的最重要职责是参与冲突双方的对话。为创造沟通空间，解决代理要广泛倾听和提问，不仅为了有效反馈倾诉者的内容，也为了帮助倾听者从他人的视角了解倾诉者的观点。

专注于解决方法

冲突解决代理的广泛倾听和提问还有一个作用，协助双方明确即将采取的步骤，可以达成一致的地方，以及跟进工作。通过这样不断影响对话，冲突解决代理将帮助双方建立一系列行动计划，支持他们找到前进的方向，最终达成 SMART 协议（见后文）。

警告：了解你的极限

冲突解决代理最重要的工作是实践以上原则。需要留意的是，你提出的问题甚至肢体语言（如挑起眉毛）可能会暴露出你对当事双方的偏见，导致他们不再信任你。关键在于，你要在力所能及的范围内应用这些原则，一旦超出能力，你就需要脱离冲突解决代理的角色。

在召开联合会议前，你可以先在个人会议中使用这些原则。这样能够确保你帮助冲突双方充分了解自己的立场、利益和需求，以及他们接下来要使用的策略。

在联合会议或个人会议明确以上问题后，你或许打算以自己的日常身份召开一次联合会议。如果你希望这样做，可以说"我现在不再是冲突解决代理，而是经理。这样可以吗？"

同样，如果你在联合会议中感到力不从心，如果对话的形势继续恶化，没有按照议程进行，请大胆叫停对话并寻求帮助。我们的黄金法则是：如果心存疑虑，请立刻停止。具体来说，如果你感到事情的难度超出自己的能力范围，或有违你的原则，请停止对话。哪怕你不想这样，但是时候求助合适的人来挽救局面了。

达成 SMART 协议

与强加给当事双方的协议相比，谨慎构建的协议往往最有效。SMART 协议原则上为这样的协议提供了基础结构。构建过程的关键在于，认识到冲突解决代理和冲突双方不会一次性解决所有问题。恰恰相反，他们——

应当明确能够达成一致和无法达成一致的领域，为协议的每个领域构建条款，然后讨论如何处理无法达成一致的问题。

SMART 协议一般更具可持续性，因为这是双方都参与的协议，协议内容清晰明了。SMART 代表明确（Specific）、可衡量（Measurable）、赞同（Agreed）、实际（Realistic）和时限（Time-bound），通过以下方法可以达成 SMART 协议。

①明确

明确意味着责任分明，每个人都十分清楚需要在什么时候、对谁、做什么。如果协议内容很难理解，那么它就不够明确。在构建协议时，如果我们不理解某些问题，应当请求对方说明，避免以后产生误解。确保协议内容明确的问题包括：

你刚才说的具体内容是指什么？

谁将对什么人做些什么？

你可以列举这一行动想要达成的所有目标吗？

我们达成宽泛协议时不会深究细节，因为我们害怕再次引发新的矛盾。当我们这样想时，应该意识到解决冲突的过程不会一帆风顺。在深究细节的过程中产生新的矛盾很常见。事实上，查看细节的过程有助于冲突双方彻底解决问题，捐弃前嫌，为未来创建新的选择。

②可衡量

确保协议可衡量的意思是，能够明确地证明已经完成协议规定的行动，或明确证明行动进展到了哪一步。规定可衡量行为的实用问题包括：

怎样才能确定这件事情已发生/已完成？

怎样才算成功？

需要完成什么步骤才能取得成功？

③赞同

在讨论每项提议并达成一致的过程中，每个人表示同意还不够。双方参与是所有协议可持续和可执行的关键。参与的意思是，人们认为自己参与了创建协议的过程。参与的结果是，为了达成目标，人们投入自己的精力，重要的是他们认为自己能够遵守协议。如果没有参与，人们会认为协议没有反映自己的想法，尽管他们反对，但仍然形成了协议。如果发生这种情况，在已知冲突的基础上还会产生新的矛盾，无法达成根本的可持续协议。

因此或许这与你的直觉相悖，但是为确保达成双方参与的真正协议，你应该使用以下问题测试协议：

这个选择有效的可能性有多大？

你同意这一选择吗？

我感觉你有一些犹豫，在执行协议前你还希望讨论什么问题吗？

在双方同意所有内容后，应当再阅读、思考并确认他们的协议。显然时间、成本和其他因素的要求会对协议造成影响，所以协议不应当迟而不决。但是我们仍然应当平衡各方需求，确保双方履行自己的承诺。

④实际

虽然这一点显而易见，但是我们应当注意，不要因为协议中不切实际的内容而导致协议失败。SMART 协议的其他因素能够保证协议切合实际，尤其是明确、可衡量和时限因素。虽然我们都希望设置远大的目标并通过协议达成目标，但是时刻提醒自己这一目标是否脚踏实地也十分重要，这么做是为了让协议得以有效地执行。

⑤时限

时限在协议中的意思是"在某个时间点之前"。SMART 协议往往被分解为不同阶段，为每一阶段设置时限十分重要。截止日期一般不能改变，但有时也有变通的余地。我们有时会因为各种原因对时限做出调整，所以人们需要讨论并确定，如果改变时限会发生什么后果。虽然这不是计划的一部分，但也有可能发生。

| 第九章 |

原则 5：建立早期化解冲突的文化

本章旨在帮助你建立早期化解冲突的文化——创建一种氛围，每个人都能在冲突中承担自己的责任，在冲突中学习并获得成长。我们的最终目的不仅是避免司法程序、减轻巨大的情感压力和经济压力，还要创造一种更加实用、强大和有效的工作环境。

　　在良好的冲突化解文化中，我们的工作效率更高、更有创意。虽然我们各不相同，但仍然努力合作，有时反而是因为彼此的差别而更加团结一致。

　　本章主要以工作场所为基础，因为其中包含了各种各样的关系和沟通方式，可以代表其他协会、社区等组织。我们还将介绍如何在学校和社区应用类似的原则，建立可持续的早期化解冲突文化并带来改变。

　　该原则列举了建立早期冲突化解文化的综合方法。不过其中多数元素也可以作为战略或干预手段单独使用。

工作场所中的早期冲突化解方法

在工作场所引入早期冲突化解方法是一种有效的改变方法。具体实践方法是引入新的思考模式，重新思考政策、工作程序，以及最关键的一点——习惯。这种思考模式不是完全摒弃投诉、训导和调查的方法，而是完善这些过程。其中调查可以帮助我们明确各方责任。

新的早期冲突化解方法允许灰色地带的存在。虽然在工作环境中分辨"谁对谁错"十分重要，但是早期冲突化解文化意味着，投诉、训导和调查的过程不再是首选解决方法。正确的解决方法不会进一步造成分裂，但仍然能够满足各方的需求并处理问题。因为文化的改变与尊重彼此同等重要，我们需要循序渐进。

根据公司现有文化和实际情况，我们可以灵活改变以下步骤的顺序。

第一步：判断调解是否可行或如何调解

过去，如果没有接受过调解培训，或员工手册中没有提及调解方法，我一般不会为公司引入调解手段。因为如果突然建议使用调解手段，可能会令冲突双方感到疏远或表现出防备心理。疏远的原因在于，当事人没有完全了解调解过程并感受到威胁——"为什么是我？"换句话说，"为什么只有我需要这样做，其他人不用？"

人力资源工作者告诉我，当他们建议使用调解手段时，当事人往往会拒绝接受并继续使用训导和投诉方法（这两种方法经常为双方带来不利的后果）。虽然这种情况时有发生，但是越来越多的人开始使用调解，调解在某种程度上变得更加普遍，有时当事人甚至主动要求调解。调解的使用率和接受度越来越高，无论公司政策是否提及，它已经成为一种可行的选择。

虽然如此，但是公司和个人不应该盲目使用调解。因此衡量是否能使用调解的最佳方法是，先引入经验丰富的调解员，解决一些问题，从这些问题中收集反馈。

在这一阶段需要训练有素的调解员，并在调解过程中做到实事求是，这样可以正确评估调解是否有效，以及如何调解。调解是一个轻松的过程，人力资源部的员工或经理可以这样说：

"我希望为你提供调解的选择。如果你同意，你可以与调解员进行保密对话，了解什么是调解，你是否愿意接受调解。在这之后你可以告诉我你的想法。"

为评估调解的益处，你可以在调解后要求调解员收集当事双方的反馈，并在一段时间后，比如6个月后再次收集反馈。

反馈应当与调解过程相关，而不是与冲突的细节相关。反馈应当包含：

- 你认为调解的作用有多大？
- 不需要指出冲突细节，你认为调解过程中有效和无效的方面是什么？
- 作为调解结果，你是否希望向公司反馈任何概括的想法？
- 如果再次遇到类似问题，你是否还会选择调解？

第二步：为调解和早期调解方法建立商业案例

本节阐述了如何收集和分析信息，决定是否需要使用和如何使用冲突化解的新方法。

冲突审察

冲突审察是一种轻松且有效的审察方法，判断以下情况是否成功：

- 某组织在早期化解冲突时使用的正式或非正式方法，以及实践过程。
- 控制冲突升级的方法。
- 以上实践对于组织、组织成员及其客户的影响。

审察包含 4 份调查问卷，大概内容基本一致，但是当事人的视角和在组织内担任的职务各不相同。

① 员工调查问卷

公司应该让尽可能多的员工填写员工调查问卷（附录 1），从而了解员工的整体情况。这样公司能够收集员工对公司的想法，了解员工面对挑战时的选择，鼓励员工保持真诚而不是互相评判。

如果员工是团队领导，但并不是利益相关方，那么他应该既填写员工调查问卷，也填写另外几份调查问卷（附录 2 或附录 3）。

② 总监 / 团队领导调查问卷

总监 / 团队领导调查问卷（附录 2）十分简短，能够体现公司重要的管理趋势。它反映了公司高层管理人员在冲突中花费的时间成本。总监 / 团队领导调查问卷也能够计算冲突导致的直接或间接财产损失，明确适用的补救措施和需要投入的资金。

③ 法律 / 人力资源 / 财务部门领导调查问卷

法律 / 人力资源 / 财务部门领导调查问卷（附录 3）应该由法律、人力资源和财务部门的领导共同完成，从而尽可能展示整体状况。不过根据各部门的不同情况，有时可以跳过某些内容，但是只有三部门共同完成，我们才能综合分析公司的整体状况。

④客户／利益相关方调查问卷

客户／利益相关方调查问卷（附录4）的受众是客户、利益相关方和投资人，它关注的是组成受众的个体，以及他们与公司的关系。该调查问卷也可以作为客户满意度调查问卷使用。但是它涵盖的内容比客户满意度调查问卷更广泛，其中包含：

· 客户或利益相关方如何评价与公司及其员工的关系。

· 公司实际丧失的机会或可能丧失的机会。

该调查问卷应当保证简洁且易于完成。通过提供调查问卷，企业有机会表明自己重视与客户和利益相关方的关系，愿意努力加强合作关系。

以上所有调查问卷的措辞都是为了获得填写人最真实公正的回答。所以其中某些问题的答案在人力资源或管理层看来显而易见，例如，"公司在化解冲突以及达成一致方面是否具有非正式的处理流程？"通过这样的问题，公司可以获得员工或客户对于该流程的想法以及他们的参与程度。

分析审察结果

冲突审察能够反映事实和人们的观点。企业对于不同事情的优先排序决定了如何处理审察获得的信息。审察提供的信息应当用于评估冲突对于以下因素的影响：

- · 员工参与度
- · 领导力
- · 流程管理
- · 品牌
- · 财务
- · 未来的商业关系和融资关系

①员工参与度

良好的冲突管理往往与较高的员工参与度密不可分。换句话说，我们应当在企业内创造健康的关系，包括良好的沟通，因为良好的沟通能够让员工感到自己的工作得到认可。

参与的关键在于企业员工在工作中具有动力。参与程度较强的员工会感到，在企业中工作是为了完成自己的目标。他们还可能认为，如果他们工作努力，企业和自己都会从中受益。也就是说企业和员工相互依赖，双方都为此贡献自己的价值。

在发生冲突时，当事人一般不愿意与企业或冲突的另一方交流。他们会感到某些人的行为代表了企业的态度，因此希望与企业及其价值观脱离关系。但是如果企业鼓励我们解决冲突，提供反馈并从中学习，我们的自尊、对企业的尊重和参与度都会提高。

大卫·盖斯特在《2004年人力资源管理期刊》中有研究表明，较高的压力与较低的工作满意度、对直接领导较低的忠诚度会导致员工有较强的意愿离开企业。还有研究表明，压力是排在个性冲突之后导致职场冲突的第二大原因，员工平均每月花一天时间应对压力。有证据进一步证明，提升员工参与度有助于提升其个人工作表现和企业利润率。

病假和事假是反映冲突对参与度影响的重要指标，尤其当人们出于某些原因无法解决冲突时。

参与度不仅反映了人们的想法，还反映了他们的行为。例如，如果他们考虑提出申诉或休病假，以此作为替代选择，这就表明他们正在疏远企业。如果他们没有请病假或提出投诉，说明他们的怨恨情绪很可能正在迅速增强。我常听人们说，【我是出于忠诚】【因为我想努力完成工作】【因为我不想引起问题】才没有休病假或提出投诉，但是他们却对我【　】。

【案例学习】

罗里感到老板经常欺负他，总是要求他加班，这已经超出了他的工作范围。罗里听说其他员工也有过类似经历。他按照要求加班，却感到非常沮丧并引发了严重的湿疹。

罗里去看了医生，医生建议他借这个机会休息一周。但是出于对企业的忠诚，罗里没有休假。当情况没有改善时，他更加沮丧了，因为自己牺牲了本可以休息的机会，却没有得到任何回报。这加深了他对老板和企业的怨恨。他开始与同事谈论自己的经历，于是员工对企业产生了极大的误解。

请牢记，能够反映员工参与度的主要审计问题包括：

·员工调查问卷：问题 4—10、12、13 和 16
·总监／团队领导调查问卷：问题 1
·法律／人力资源／财务部门领导调查问卷：问题 1—5、7、10 和 11

②领导力

在具有卓越领导力的企业中，早期冲突解决方法是企业文化的一部分。也就是说，领导不排斥冲突。这并不意味着他们喜欢引发冲突，而是他们了解并接受冲突一定会发生，他们相信凭借自己的能力可以化解冲突。重要的是，领导具有管理自我冲突和团队冲突的技巧，遇到问题或与员工发生矛盾时无须依赖人力资源部门的帮助。

与人力资源部门或企业的其他部门合作十分重要，但是有能力的领导在人力资源部门介入时不会推卸自己管理问题的责任。以下问题能够了解冲突中领导力的情况：

· 员工调查问卷：问题 4、7、10—12、14 和 16

· 总监 / 团队领导调查问卷：问题 7—9

③流程管理

流程分析不仅与流程本身有关，还与如何应用流程管理和人们对流程管理的反馈有关。申诉、训导和病假的次数是否过多取决于企业及其价值观。

我将长期病假、投诉及训导分为一类是因为，我在合作的企业中发现，许多员工在冲突的压力下通过休病假避免提出申诉。事实上，如果希望流程管理得到明显的效果，具有可持续性，我们支持和管理员工的心理健康和身体健康，并将它们视为流程管理的重要组成部分。例如，被投诉或训导产生的耻辱感、被指责为受害者、成为歧视的施加者都能够导致抑郁症的发生。

在评估流程管理并做出决定时，你也需要坦诚面对企业的优先任务。你或许希望严厉警告某种行为或尽快解决问题。因为人们提出了大量要求，而企业不希望鼓励人们提出这样的要求。这样的策略会对参与度、品牌形象和财务造成危机，本书也不鼓励使用这种策略。虽然如此，但是企业最了解什么方法无效，使用什么方法才能达到最佳效果。

流程分析将解释流程管理如何工作、如何应用流程管理并分析员工经历了什么。它不仅能够帮助企业更好地预测现有系统的益处，还能预测它可能造成的后果。以下是流程分析中包含的问题：

- 员工调查问卷：问题 1—4、15 和 16
- 总监 / 团队领导调查问卷：问题 7 和 9
- 法律 / 人力资源 / 财务部门领导调查问卷：问题 1—5、8—12

④品牌

企业管理冲突的方法将对其品牌产生立竿见影的影响。在吸引人才加入时，人们会考虑该企业的表现评分。另外，心怀不满的员工会利用社交媒体破坏公司声誉，哪怕这样的破坏只是暂时的。

员工在情感上越来越成熟。指导员和调解员的广泛应用为人们带来更多便利，事实上人们也更加期待获得这些资源。员工和客户对于领导层解决复杂关系问题的期望值也越来越高。

但是，许多企业由于各种各样的原因无法满足员工的期待，最显著的原因就是竞争性资源或企业认为问题已解决。除了标准的申诉和训导流程外，如果企业缺乏成熟的冲突解决方法，会带来一系列的负面影响。

越来越多的人愿意承认，他们在上班路上会考虑与同事聊些什么。我们在脑海中思考某一场景的次数越多，就变得越固执。多数情况下，这一过程会令我们变得极端，与冲突的另一方，甚至企业形成对峙。

阿纳斯塔西娅是一名职业广告人，她对手下艾丽很头痛。她认为艾丽没有认真工作，总是企图插手自己的工作。具体来说，阿纳斯塔西娅认为艾丽没有遵守工作守则，部门中许多与她一起工作的同事经常投诉她的工作态度和工作能力。

由于身体原因，阿纳斯塔西娅有时需要在家工作。当她不在办公室时，艾丽未经授权便回复了小组邮件，因为她认为完成工作最重要。这令阿纳斯塔西娅感到威胁并产生了防备心理，因为她还发现艾丽经常削弱她的权威。

阿纳斯塔西娅时常批评艾丽的工作表现以及她削弱自己权威的行为。艾丽找到阿纳斯塔西娅的上司，投诉阿纳斯塔西娅仗势欺人。阿纳斯塔西娅也找到这位上司，投诉艾丽工作表现糟糕，还削弱自己的权威。阿纳斯塔西娅认为这是沟通方面的问题，于是寻求帮助，建议上司在需要的情况下进行调解。

上司说自己没有准备好讨论这一问题，并将问题转交给人力资源部门解决。阿纳斯塔西娅多次向人力资源部门提出正式调解的请求，但是都被忽略并最终被拒绝。同时，艾丽对阿纳斯塔西娅的欺凌行为提出申诉。而阿纳斯塔西娅的健康状况恶化，不得不在医生的严格要求下休息两周。

阿纳斯塔西娅再次请求接受培训或指导，或邀请调解员帮忙，帮助她处理与艾丽的冲突。她认为需要由合适的专业人士创建建设性对话干预的环境，但是人力资源部门无法做到这一点，因为他们代表的是公司利益，并且有一整套既定的问题处理流程。

阿纳斯塔西娅的调解请求被拒，并被告知公司只为总监级别的人提供指导。阿纳斯塔西娅对公司感到非常生气，她说："我在工作中倾注了许多心血，我想确认，当我与别人的关系发生问题时，公司有某种方法避免我与同事产生矛盾。我想问公司，你为什么没有为我们提供有效的调解方法。"

我与其他有过类似经历的人讨论，他们也有相同的感受。当他们的调解请求被企业拒绝时，他们会这么说：

"企业也有自己的性格，当你为企业工作时，就与它建立了关系。我的雇主认为自己拥有先进的技术，却拒绝使用调解方法。他们传递的复杂信息令我丧失了对公司的信任和热情。"

——伦敦某全球品牌企业部门领导

"不处理团队内部的潜在问题会造成隐形的影响：破坏品牌形象、品牌认识和品牌信誉等。公司完全有方法避免这样的情况发生。"

——英国时装店市场营销总监

> 阿纳斯塔西娅与她的非正式导师，也是公司内的一位总监谈起了此事，她告诉导师公司如何对待员工以及她为何要离开。导师是公司安排的，所以是非正式导师。导师和阿纳斯塔西娅也没有告诉任何人她的担忧，因为此时已没有反馈的必要。

企业内的员工对待同事和客户的方式，会影响他们对企业的看法。他们的看法或言论必然会在不知不觉中影响企业的品牌形象。了解冲突如何影响品牌形象的问题包括：

- 员工调查问卷：问题5—8、10和16
- 总监/团队领导调查问卷：问题3—6
- 法律/人力资源/财务部门领导调查问卷：问题1、3—5、7、10—11、13—14
- 客户/利益相关方调查问卷：问题2—6

⑤财务

是否使用调解方法或早期冲突化解方法，首先取决于企业未在早期解决问题会有什么财务损失。

判断是否需要投入精力，引入早期冲突解决流程是个颇具挑战的过程，因为企业在面对其他急需处理的工作时，还需要预判冲突会何时发生，以及如何发生。

我们建议雇主充分了解冲突可能造成的财务损失和社会

损失，例如对员工精神健康造成的影响。

由于投诉和训导行为导致的冲突升级将耗费大量的金钱和时间，同时带来重重压力。我有一位客户不得不通过仲裁解决冲突，我们单纯从财务角度看，该案件至少产生了以下费用：

签署协议的现金支出	3 万英镑
投诉、调查和仲裁的法律费用	3 万英镑
内部管理时间（20 天）	2.4 万英镑
60 天病假	1.56 万英镑
机会成本	2 万英镑
总费用	11.96 万英镑

在英国，员工提出的索赔案件日益增加。2013 年法院开始收取仲裁费用，索赔案件数量降低了 70%。然而 2017 年，英国法院裁定员工无须支付仲裁费用，英国政府应当（在本书撰写时）停止收费并退还员工为劳动仲裁和上诉支付的费用，这一裁定可能会促使索赔案件数量上升。

在许多情况下，工作冲突引发的焦虑和压力会加重现有的精神健康问题。在英国，每六个人中就有一个人曾在职场经历过精神伤害、抑郁或与压力相关的问题。2007 年，72% 的男性和 68% 的女性由于精神健康问题导致经济活动停滞。

经济合作与发展组织预测，精神健康问题引起的休假成本、生产率降低以及补助金支出占英国全民生产总值的 4.5%。有报道指出英国全国病假天数高达 1.4 亿天。研究者还发现，雇主每年为病假支付的费用、病假相关费用、人们休病假时产生的间接管理费用共计 90 亿英镑。

我必须澄清的是，职场冲突不是导致精神健康问题的唯一原因。化解冲突的七大原则也不能解决因职场精神健康问题造成的全部财务损失。但是，审察能够揭示企业在哪些方面具有风险，因为员工有时会说谎。

以上的费用分析说明了评估冲突成本的重要思路：

· 签署协议的现金支出

· 投诉、调查和仲裁的法律费用

· 内部管理时间

· 病假

· 机会成本

审察能分析指明这些费用，因为它们也适用于企业的以下问题：

· 员工调查问卷：问题 12

· 总监 / 团队领导调查问卷：问题 1—6 和 9

· 法律 / 人力资源 / 财务部门领导调查问卷：问题 6—14

· 客户 / 利益相关方调查问卷：问题 4—6

⑥**未来的商业和融资关系**

当员工没有动力帮助别人，甚至没有动力友好对待客户时，客户可能不再光顾或无法与企业很好地相处。当我们对自己、对未来感到担忧时，就很难持续提供服务，而这种状态会严重影响我们与客户的关系。

【案例学习】

杰里米在一家知名广告公司工作。他连续几年业绩排名第一，并被暗示有可能成为总监。他被要求为一家大型财务服务提供商设计营销项目，如果项目成功就能晋升为总监。

杰里米说这不是他擅长的领域，希望由其他人负责这项工作。但一位领导告诉杰里米必须接受这个项目。同时，杰里米的团队成员对自己的未来也很担心，因为他们听到传言，如果能够成功为这位客户设计营销项目就能保证公司未来无忧，如果失败可能被裁员。杰里米的两位团队成员，弗兰和米歇尔有财务服务领域营销项目经验。她们分别找到杰里米，询问自己是否能够提供帮助。

与此同时杰里米的妻子失业了。杰里米还患上了恐慌症。为了应对焦虑，他努力控制自己的情绪，开始设计营销项目，为了避免被别人发现自己承受着巨大的压力，他回避与同事长时间地开会。相反，他只召开团体会议，发号施令。虽然如此，他还是成功完成了营销项目。杰里米没有接受弗兰和米歇尔的帮助，因为他认为对方企图抢走自己的工作，更没有倾听她们想要如何帮助自己。弗兰和米歇尔离开了公司，去了竞争对手那里，杰里米的老板越来越怀疑他的管理能力。

在营销项目方面，虽然财务服务公司对杰里米制作的项目内容很满意，但是对他本人却有所疑虑——他虽然彬彬有礼，却不愿意接受质疑，所以财务服务公司对杰里米的反馈是，"看起来总是怒气冲冲的"。

毫无疑问，如果一方与另一方有利益关系，或他们的关系关乎生死存亡，那么双方一定会产生冲突。虽然他们可能自己并没有察觉，但是一方可能会因为受制于另一方而对他产生怨恨情绪。他们可能会对另一方没有满足自己的需求感到气愤。另一方会认为对方的付出理所应当。占据优势地位的一方可能会无意识地利用对方。这样会使关系失衡，产生冲突，影响未来的工作。

【案例学习】

大卫是一家慈善组织的总裁，这家慈善组织由当地政府部门（以下简称"部门"）资助设立，作为回报，慈善组织为年轻人提供心理健康方面的支持。汤姆是部门的领导，他和大卫对于慈善组织的服务发展方向持有不同意见。大卫与其他类似组织和慈善领域的专家探讨了此事，他们都赞同自己的想法，反对汤姆的意见，因为汤姆的提议会为组织带来巨大的风险。而且汤姆计划明年停止向大卫的慈善组织拨款，慈善组织不得不解散。

大卫与许多人讨论了汤姆的错误，并气势汹汹地与汤姆对峙，希望说服他承认自己的错误。而汤姆说他考虑不再与大卫签约。

最后，大卫使用了困难对话谈判模板。他意识到，虽然自己指出汤姆错误想法的行为无可厚非，但是这对他和他的组织毫无帮助。他使用了不同的对话方式，成功地与汤姆达成了协议。事实上，他还说服汤姆改变了想法。大卫自己也承认，如果他继续自以为是地指责汤姆"不能理解自己的想法"，无论他的想法有多正确都不会成功续约，还会破坏慈善组织与部门的关系。

以下问题能够提升客户、利益相关方以及他们的潜在影响力，缓和冲突：

· 员工调查问卷：问题 12
· 总监 / 团队领导调查问卷：问题 3—6
· 法律 / 人力资源 / 财务部门领导调查问卷：问题 8、10、11、13、14（管理层因为讨论冲突而花费的时间成本，可以用来服务客户或关注企业未来发展）

· 客户/利益相关方调查问卷：问题 1—7

最大化审察管理机会

调查问卷开启了对话，因此在填写和跟进调查问卷时，需要遵循早期调解方法对话的类似原则。具体如下：

· 保密能够让当事人敞开心扉，提供对企业有用的反馈。

· 在调查问卷后要求当事人提供反馈，确保当事人明白，他们的想法得到了倾听。反馈可以通过以下方式进行：

实施员工提出的建议。

向员工解释为何某些建议不能或不应该被实施。

为未来的工作提出阶段性建议。

第三步：建立调解团队

当我们决定以某种形式引入早期冲突化解干预或计划时，我们需要思考如何实施这些方法。

调解团队应当包括：能够影响引入早期调解计划的人、确保计划在企业内顺利实施的人。他们可以是具有冲突指导或冲突解决代理能力的人，也可以是引入调解和早期调解计划后获利最大或损失最大的人。

调解团队应该包含不希望使用早期调解计划或不信任该计划的人，以及热衷于使用该计划的人。

调解团队不应该只包含人力资源部门人员或总监，还应该包含企业不同部门的成员。如果只有人力资源或高层决策者承担冲突解决的责任，那么很难在企业内推动改革。因为员工有时对人力资源部门有对立情绪，因为人力资源部门代表惩罚、奖励和整理，而不是鼓励、赋能和协助。这样不会提高信任和坦诚，冲突双方也不会在冲突中承担责任。

调解团队将在沟通和维护早期调解计划中扮演重要角色。企业内不同层级和部门都拥有自己的交流方式和文化。因此通过调解计划倾听企业内不同的声音，了解他们的不同文化并与之沟通十分重要。调解团队在这一过程中担任"翻译"一角。

调解团队的领导是在建立团队的过程中有信心应用冲突化解原则的人。他们最好接受过调解技巧培训，他们展示这些技巧的能力也是成功的关键。

在选择团队成员时，最重要的是确保他们代表企业的不同部门。团队成员可以包括：

· 团队领导

· 积极的员工

· 不配合的员工

· 总监

· 人力资源部门员工

·工会代表

　　组建调解团队是反思企业层级关系的重要步骤，因为它也适用于冲突解决方法。调解团队将打造一种企业文化，企业的所有员工都会承担起有效化解冲突的责任，无论某人在企业内的级别高低，他都可以为别人提供冲突指导。这样的文化依然尊重企业的纪律、层级结构和业绩目标。它还能帮助员工获得化解冲突的能力，提高企业和个人的工作效率及幸福感。

　　在传统企业层级结构下，为每个级别设置冲突解决代理并不现实。但是越来越多的现代企业开始设置这一角色，原因如下：

- ·企业的年轻员工在现代教育系统内学习了冲突指导员和导师的概念，这已成为他们的理念，所以他们更容易接受这一概念。
- ·越来越多的人回归职场或重新开启事业，因此你的"初级"员工或许比高级员工有更丰富的生活经验。
- ·年轻员工的技术知识有时比资深员工更丰富，尤其在数字科技领域。
- ·人们越来越重视情商的重要性，所以他们更愿意向他人学习，无论对方的地位高低或年龄大小。

第四步：培养真诚对话的能力

做出引入早期调解计划的决定，意味着人们会立刻使用新方法展开对话。企业的其他部门也很快会做出同样的决定，以化解冲突。在前面讨论的基础上，该方法将会取得以下成果：

- **具有自我意识的对话**，在这样的对话中当事人会为自己的行为和决定承担责任。
- 重建关系并创造**机会**，发现替代方法。
- **了解**我们自己和对方的立场、动力。
- **学习**如何避免指责和羞辱。

调解团队领导和成员之间的对话将作为真诚对话的开端，以便：

- 明确抵抗的主要原因——"我认为调解不安全"或"我们不希望员工得寸进尺"。
- 识别企业内较低程度的不满或怨恨的一般原因。
- 确认好对话的空间或不同团队谈判的空间，包括重要的基本规则。
- 审核应对分歧的机制。
- 审核通过未来行动反馈协议执行情况的机制。

由于调解团队的性质，以及调解过程中必定会发生变化，所以团队内部也可能产生冲突。团队内部的冲突是反映企业内部整体氛围的重要指标，也是建立早期调解方法文化的最佳机会。

虽然企业内部冲突也可以使用早期调解计划，但是不同团队间或许还未建立足够的信任。例如，有些员工会认为调解是管理层的阴谋，是为了减少费用并低调地解雇员工。还有些人或许担心调解非但不能保证获得明确的结果，还有可能制造更多投诉的机会。人力资源部门可能担心，如果把问题推给调解员，自己就会丧失对冲突的控制以及管理权。他们还可能担心某些事情的改变会威胁自己在企业中的地位，或增加工作压力。

也许还有许多担心我们未考虑到。这些担心都是合理的反应，都会体现在企业内部，所以需要系统地处理。

调解团队成员的潜在担心可能包括：

· 这会导致更多投诉吗？

· 如果人们对我的管理方法做出负面评价，我会遭受批评吗？会削弱我的权威吗？

· 如果引入调解方法，我的职位是否多余？

· 讨论问题是否会为我带来更多新问题？

以上所有问题的答案都是可能会。处理冲突意味着走入风暴的中心，因为只有明确问题是什么，才能找到解决问题的方法。但是需要注意的是，冲突或问题不会自动消失，如果不解决它们，最有可能发生的后果就是冲突升级，对企业的其他人造成影响。

多数人回避冲突的原因一般源自本身的恐惧心理。我们已在本书中探讨了一些恐惧心理，还有一些难以分辨，这些恐惧心理不以事实为基础，而是以感觉和观点为基础。事实上，如果我们没有能力消除这些恐惧并在冲突中改变恐惧心理，我们很可能会遇到更多问题。

明确调解团队中的担心也是认识企业内部问题的第一步。根据我的经验，这些问题包括：

- 对管理层与员工沟通方式、讨论问题的方法以及处理问题的方法产生不严重但根深蒂固的怨恨。
- 人力资源部门处理问题时，总监插手或以某种方式削弱人力资源部门的权威。
- 缺乏组织基础建设，没有确保实施的机制——"哪怕我们解决了这个问题，如何保证我们的决定得以实施？"

真诚对话创造了用来储藏恐惧和担心的储藏室，以真诚的态度安全地解决问题。这样，人们得以找到解决方法：

- 你的工作不会变得多余，你只需改变自己的技巧，这可能会为你带来新机会，至少会帮助你获得新技能。
- 有时只有别人告诉我，我才会改变做法，现在我知道自己的方法不对。直到现在我才开始考虑其他替代方案。
- 讨论问题能够厘清思路。讨论可以暴露我从未发现或从未考虑过的问题，只有当它们暴露出来，我才有机会认识它们并系统地解决它们。

· 我们需要找到方法求同存异。

第五步：接受潜在的障碍

要求调解团队成员找到各自团队中存在的潜在障碍，能够让双方很好地了解企业可能面对的一般问题和障碍；还能暴露出各自团队领导出于某些原因不愿意表达的担忧。与调解过程类似，在这一步中，当事人可以发牢骚、做出评判、指责对方或组织。这是开诚布公表达想法的机会，不但可以明确行动方案，还能暴露出令大家困惑不解的问题。

第六步：学习经验教训

团队内部的历史冲突很可能阻碍组织内部改变的进程，识别这些冲突，开始思考解决方法，可以改变它们传达的信息并化解冲突。这需要找到调解团队内部对其他成员或组织有怨恨情绪的个人，这种情绪虽不强烈但根深蒂固，对这些人或在他们之间进行冲突指导或调解。

这一过程需要由调解员，或在处理冲突方面经验丰富的人士谨慎执行。在这一过程中如何对待当事人以及他们的担忧，将会影响他们看待引入冲突解决方法的态度，也会影响你执行的过程。这一过程将为早期调解方法埋下种子，帮助决策者目睹解决方法是如何工作的。

第七步：实施早期调解计划框架

该步骤旨在为早期调解计划在实践中的应用提供可行的工作框架。工作框架应根据不同组织的冲突化解过程和消息传递过程量身定做，所以该步骤不会为你提供明确的解决方案，只会为解决方案和解决过程提供可以依附的框架。

创建早期调解计划基础框架

早期调解计划基础框架的重点在于，在每个相关接触点安排正确的人选，识别冲突并为化解冲突提供支持。如果设立这一框架取决于组织本身，框架或许各有不同，但是它们都会包含组织内现有的关键角色。

①导师

导师往往会指导初级员工提升工作业绩，尤其在早期阶段。无论员工级别高低，无论组织基础框架的规模是大是小，为所有员工安排导师，是在冲突早期阶段扭转局面的关键。导师能够帮助组织完成以下工作：

· 澄清、解释并强化组织的重要信息、价值观和期望。

· 识别担心的主要问题。

· 在早期阶段及时发现冲突。

导师还能帮助员工完成以下工作：

· 了解组织对员工的期望。

· 了解员工对组织的期望。

· 提出并解决不严重的问题。

· 当遇到难以解决的问题时，讨论所有可行的解决方法，讨论组织如何解决问题或为何无法解决问题。

②个人冲突指导员

个人冲突指导员也可以是导师。但是他们的职责仅限于支持并帮助被指导的员工，在冲突中或更广阔的范围内完成自己的目标。告诉他们怎样做才能在组织内取得成功是导师的责任。冲突指导员为被指导人提供机会，讨论在更大的背景下，他们如何在组织内工作，如何为生活中的其他重要事件做出决定。

被指导人可能会认为导师的工作是传达组织的重要信息，所以无法做到独立，因此我们需要根据组织的具体情况为被指导人安排其他人作为冲突指导员。

冲突指导工作达到最佳效果的关键，是被指导人相信指导是公正的。当被指导人的目标与组织的目标冲突时，公正性是开展对话的重要因素。指导对话能够创造宝贵的机会化解这些利益冲突，帮助员工与组织的利益达成一致。

【案例学习】

米戴士为一家金融科技公司成功开发了一款应用程序，公司因此迅速发展壮大。他已在该公司工作了3年，成功开发了许多产品。但是主管对于米戴士最近总是迟到的情况颇有微词，要求他参加正式的工作表现讨论会议。

在参加工作表现讨论会议前，米戴士咨询了冲突指导员。他说自己迟到的原因是没有动力，因为他为公司开发了许多产品，却没有公司任何股份，所以他正在考虑自己创立公司与其竞争。在与冲突指导员的对话中，米戴士意识到自己非常热爱公司，但是希望获得股份。最初他以为自己拥有以下选择：离开公司并创立自己的企业；要求获得公司股份；威胁公司辞职，看公司是否能够满足自己的要求。

但是与冲突指导员讨论之后，他意识到自己需要：

· 告诉主管，他认识到迟到是错误的，会对公司造成不好的影响。

- 承认自己没有动力，希望获得公司的股份。
- 明白如果公司给予他股份，他会更加努力工作。
- 尽量避免迟到。
- 要求公司给予自己预期的股份数额。
- 做好谈判准备。
- 寻找替代选择。

因为米戴士的以上认识，公司和他本人都没有做出任何突然举动，无须威胁双方就通过谈判达成了一致。在这一案例中，米戴士最终还是离开了公司。但是由于他与公司进行了真诚、令人尊重的对话，在冲突指导过程中获得了支持，所以米戴士与冲突指导员和公司的其他同事一直保持联系，并在几年后回到公司成为总监和股东。

③冲突解决代理

在第八章中，我们将冲突解决代理描述为管理者角色，例如经理根据调解原则非正式地调解冲突。冲突解决代理必须严格遵照自己的指示，尤其在公正性和保密性方面。如果冲突解决代理身兼冲突指导员一职，他们需要指导冲突的一方或双方。这样他们就可以做到"广泛公平"——对冲突的对立双方同时提供支持，令双方彼此产生信任。

④内部调解员

组织是否培训内部调解员取决于自身的工作重点。值得注意的是，成为调解员是一个逐步积累的过程，需要不断提高个人冲突指导技巧，提高早期调解方法的有效性，最终才能成为合格的调解员。

无论在任何情况下，拥有内部调解员有利也有弊，利弊如下表所示。

内部调解员的弊端	内部调解员的益处
· 冲突双方认为内部调解员不能做到公正。 · 调解工作和长期的调解职业发展会令内部调解员忽略自己的本职工作。 · 调解员的调解工作频率可能会受到限制。 · 需要明确是否或何时需要求助外部调解员。	· 引领早期调解方法文化，包括培训、管理指导反馈、利用持续的职业发展支持其他冲突解决代理。 · 对于拥有多个分支机构的组织来说，内部调解员可能与冲突双方并不熟识，因此能够保持公正。 · 不同组织为彼此提供调解员能够实现跨组织调解计划。

⑤外部调解员

还有一类调解员是完全独立于组织之外的外部调解员。哪怕拥有这样的独立性，冲突双方也需要相信调解员是站在自己一队的。如果冲突双方同意调解，那么组织应当为他们提供内部调解员或调解机构。双方应该能够在最多 3 名调解员中选择，决定是否调解前，他们应当与调解员进行保密对话。

⑥调解协调人

调解协调人最好是调解团队的一员，最好是人力资源部门员工。调解协调人将设立调解过程，或当冲突某一方不希望调解时，调解协调员可以帮助双方找到其他选择。基于这一原因，调解协调人最好接受过调解技巧的培训，因为他们将指导冲突双方做出是否调解的决定。如果双方随后要求获取关于正式调解流程的建议，调解协调人可以请求人力资源部门接手。

第八步：确定调解流程和调解政策

组织采纳何种调解流程取决于自身的规模和现有构架。由于早期调解计划在根本上需要一定的灵活性，所以如果早期调解方法政策参考组织其他雇佣政策和规定，效果将会更好。这些政策也需要经过讨论决定。

调解政策和流程的措施取决于企业的现有政策，并且需要不同情况区别对待。有些人称调解政策和流程为调解方案，但是如果将它的定义扩展为早期调解方法和调解方案，就能够突出调解不是唯一的方法，还能够在恰当的接触点处理早期冲突。

我们建议调解政策和合同文件包含以下内容。

早期调解方法和调解政策

该政策介绍并解释了如何、何时及为何在组织内使用并评估调解，以及调解对员工的益处。

早期调解方法和调解政策

介绍

【组织】致力于在早期使用对全体员工适用的保护性方法，化解工作中的冲突。组织从上到下，包括"导师""个人冲突指导员""冲突解决代理"和"调解员"都能够帮助你自信地与同事进行对话、谈判和解决问题。在某些特定情况下，调解或许是正式申诉程序的替代方法或补充方法。

政策目标

·为员工提供处理和化解冲突的替代方案，以及公正、不带评判的指导方法，令冲突各方都满意。

·在组织内提供一种机制，提升员工彼此沟通的自信心。

·提供替代方法，使用正式申诉手段解决问题。

如果你需要帮助解决与同事的问题，你可以和以下人员进行保密谈话，他们能够为你提供帮助或为你介绍更合适的人选：

导师【姓名】

导师非常了解组织及其价值观，他们能够帮助你在现有位置上更进一步。

冲突指导【姓名】

当你需要就某个问题与他人讨论并对此保密时，冲突指导是你的最佳人选。他们将帮助你明确自己在问题中希望获得的结果并努力达成这一结果。

冲突解决代理【姓名】

当你无法与同事交流时，冲突解决代理可以帮助你与他建立对话。冲突解决代理可以是你的同级或上级，无论是谁，他们都接受过培训并且能够公正地帮助你解决问题。

公司内部调解员【姓名】

公司内部调解员将引导你通过内部调解流程解决你和同事间的冲突。除非你同意，否则你与公司内部调解员之间的所有对话都将保密。另外，公司内部调解员参与的调解流程是自愿流程，需要你和你的同事同意才能开展。公司内部调解员需要保持公正，致力于帮助冲突双方解决问题。

公司外部调解员【姓名】

在需要的情况下，公司外部调解员将帮助你调解与同事或公司之间的冲突。除非你决定公开某些特定信息，否则你与公司外部调解员之间的对话都将保密。另外，公司外部调解员参与的调解流程是自愿流程，需要你和你的同事同意才能开展。外部调解十分公正并完全独立于公司之外，不会偏袒任何一方。

调解协调员【姓名】

调解协调员将帮助你设立调解流程，或者在对方不同意调解的情况下帮助你找到应对方法。

人力资源部门

人力资源部门能够帮助你开展调解、申诉或训导流程。如果你正处于申诉或训导流程中，你可以考虑同时使用该方案中提到的任何替代方法。

如果你希望接受调解，你应当联系【 】，了解：

·在合适的条件下替代调解的解决方法。

·公司内部调解流程。

·如何引入公司外部调解员。

早期调解方法和政策中的常见问题

什么是调解？

调解是自愿、保密的过程，公正的第三方将帮助冲突双方达成一致，但在这一过程中并不提供任何建议或意见。

·调解过程中会发生什么？

当冲突双方同意调解后，他们将选择调解日期。在此日期前，调解员将分别与双方谈话，了解每个人的情况以及他们对调解过程的期待。

调解会持续多久？

调解将持续半天或一天，不过在某些特殊情况下最长可以达到两天。

调解流程是什么？

调解员会选择最有效、最实用的方法进行调解，包括面对面会议和与当事双方分别会面。调解接近尾声时，你可能会与对方达成一致。你还需要决定与对方或组织就协议的哪些方面达成一致，以及你希望对哪些信息保密，调解员将帮助你完成以上工作。

我必须接受调解吗？

调解是一个自愿的过程，如果你不同意，就无须接受调解。不过与调解员或冲突指导员进行保密对话，在做出最终决定前讨论调解的潜在利与弊，能够帮助你在深思熟虑后再做出决定。

我可以迫使对方接受调解吗？

如上所述，调解是一个自愿的过程，所以不能强迫任何人接受调解。但是你可以鼓励对方在最终决定是否接受调解前，与调解员进行保密谈话。

早期调解计划如何与正式的申诉和训导流程相配合？

一般来说，任何阶段都可以使用早期调解计划中的方法，不过组织或许需要根据自身情况设置界限。如果冲突双方选择调解，在调解时所有申诉流程都将暂停。

如果我希望调解，我该怎么做？

如果你同意，可以首先与冲突指导员或冲突解决代理交谈。如果你已经与他们交流过或不希望与其交流，你可以要求调解协调员【 】介入，他们将遵循早期调解方法和调解流程的步骤进行下一步工作。

合同条款

如上所述，早期调解方法的成功之处在于它的自愿原则。当我们选择调解时，要明白这完全是我们自己的选择。因此在制定合同时保持同样的理念十分重要。与其说"双方将接受调解，调解双方的义务是……"不如让他们自己审视问题，在充满安全感的环境下主动面对对方。

合同条款需要涵盖组织内部员工离职时发生的分歧，我称之为"雇佣分歧"，还应该包含在工作过程中产生的矛盾，我称之为"工作分歧"。

雇佣分歧条款

"如果发生任何与该雇佣合同相关的分歧、投诉或不同意见，当事双方应根据公司的早期调解方法和调解政策，考虑使用调解方法解决问题。除非冲突双方有不同意见，否则调解服务机构将指定调解员。调解过程完全保密，冲突双方将本着自愿、真诚的态度接受调解，接受调解的双方不会因此而放弃任何法律赋予的权利。"

工作分歧条款

"如果员工在雇佣期间发生分歧、冲突或投诉，当事双方应根据公司的早期调解方法和调解政策，考虑使用个人冲突指导员、调解解决问题。为触发调解流程，问题首先应交与调解协调员处理（根据公司调解政策和早期调解方法的规定）。除非冲突双方有不同意见，否则调解服务机构将指定调解员。调解过程完全保密，冲突双方将本着自愿、真诚的态度接受调解，接受调解的双方不会因此而放弃宪法赋予他们的权利或其他合法权利。"

在申诉政策、多元化政策、反霸凌政策、骚扰政策和揭发政策中，人们也可以提出使用调解流程，措辞如下所示。

如果员工或经理认为该事项最好通过调解解决，那么他们应当将该事项转交调解协调员处理。参与调解不会剥夺员工采用或继续采用替代方法的权利，如果调解没有解决问题，那么员工可以使用公司申诉流程中列举的其他方法。

在训导流程中，如果双方同意，也可以提供调解选项。但是需要在流程中写明时间表，防止拖延。

早期调解方法和调解流程

早期调解方法和调解流程需要根据组织的政策、程序和文化量身打造，还应确保该流程的非正式性和轻松感。以下表格根据冲突升级程度，展示了如何使用早期调解方法和调解流程的各个接触点。值得注意的是，我们往往将冲突升级和使用正式调解视为失败的象征。事实上，冲突升级可以是化解冲突的一部分，也是接近核心问题的必经之路。

冲突阶段	机会	早期调解方法流程	标准的申诉和训导流程
员工和组织间根深蒂固的矛盾	有尊严的离职方式以及结束雇佣关系的机会、未来合作的机会	冲突双方的法律代表指定外部调解员	提交至（英国）咨询调解与仲裁局（ACAS）/仲裁法庭
员工间根深蒂固的矛盾	员工找到解决方法以及新的工作方式	通过人力资源部门指定外部调解员	申诉和训导行动，包括调查流程
		内部调解员	申诉/训导行动
早期冲突	员工能够设计自己的解决方法并化解特定冲突	冲突解决代理依据七大原则提供非正式协助/调解服务	人力资源部门介入问题 正式会议审查问题
		调解员协助员工明确自己的期望、需求以及接下来的计划	经理介入问题
预冲突	从刚刚接触开始，员工与组织之间就清楚地沟通了关于期待、责任以及如何获取帮助的信息	反馈论坛	入职计划

管理调解流程

指定的调解协调员最适合管理调解流程，他们往往也是人力资源部门员工。调解协调员需要管理两个略有不同的流程。

- 工作场所调解：这不是正式流程，调解的矛盾很可能发生在组织内的员工之间。这种类型的调解重点是建立关系和界限，而不是讨论如何结束关系。调解员也可能是组织内的一员。

- 雇佣调解：雇佣调解是更加正式的一种调解方式。当关系破裂时，或是需要同时使用谈判或签订协议的方式来解决问题时，往往就会引入雇佣调解，多数情况下用于员工离职时。在雇佣调解时，调解员不是组织成员，并且需要律师参与。调解员会告知当事人，他们在调解中做出的决定会带来什么样的结果。冲突还可能升级至法庭或仲裁法庭。我们将在第 3 部分详细解释雇佣调解流程。

雇佣调解的一般流程如下图所示。

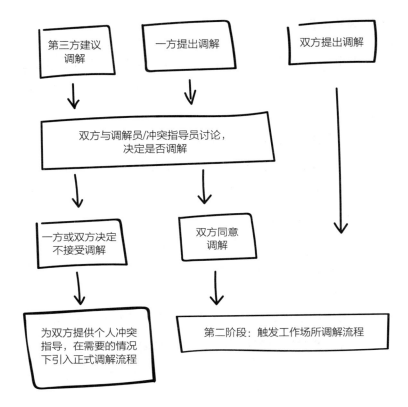

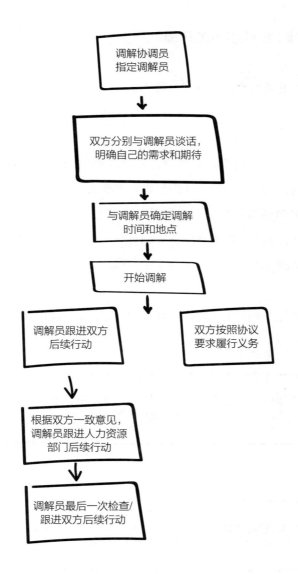

第九步：创建学习的环境

教育是改变时间最有力的武器。

——【南非】纳尔逊·曼德拉

只有持续的职业发展才能让早期调解计划达到效果，尤其是我们在个人发展方面的知识。多数人第二天就会忘记自己前一天学到的知识，还会轻易放弃积极学习的态度。80%的人在2月前就会放弃新年立下的目标，所以创建学习环境对于人们持续学习为何、如何使用早期调解方法都十分重要。

职业发展的过程还能判断每个人适合扮演的角色，如下图所示。

> 对调解团队、相关管理人员和人力资源部人员进行早期调解方法的基本技能培训

> 通过培训偏好和适应性判断每个人的角色：同伴教练、冲突解决代理或调解过程中的其他角色

多数冲突解决方法和调解培训项目是逐渐累积的过程，也就是说冲突指导员可以比较轻松地升级为冲突解决代理，最终成为调解员。企业无须投入过多资金就可以估算出早期调解干预带来的益处。

第十步：明确并交流关键信息

理想情况下，使用调解方法以及早期调解方法应当是企业文化的一部分。当发生问题时，员工最好能够在公司政策里找到相关内容。在困难对话和冲突中，通过尽可能轻松的方式沟通调解流程、如何寻求帮助十分关键。解决方法团队非常熟悉早期调解方法、调解方案及其相关信息，所以通过他们沟通这些信息更加有效。

明确信息

在引入早期调解计划的过程中，我们需要做出重要决定，传递明确、易于理解的信息。这些决定包括：

- 是否为组织引入导师、调解员等角色。
- 不必引入哪些角色。
- 谁来扮演这些角色。

- 如何将这些角色与组织内的其他角色相结合（例如，在现有指导技巧上添加冲突指导技巧）。
- 员工和解决方法团队成员的职业发展需要达到什么水平。
- 如何在早期调解方法流程中协调企业内不同级别员工的"日常工作"。

交流信息

在化解冲突的过程中，沟通信息的最有效的方法，是通过调解团队进行沟通。在制订以及运用调解计划的过程中，调解团队能够体验其中的益处。使用更加传统的方式也很有帮助，这样能够让人们了解其他替代选择。海报也是沟通这些信息的方法之一。

【案例学习】

工作中的关系是否令你感到焦虑、压力或烦躁不安？

调解或冲突指导能够为你提供帮助：
- 在安全保密的环境中倾诉。
- 发现你希望处理问题的方式。
- 找到解决方法。
- 明确你的前进方向。

请联系【 】了解详情。

校园内的早期冲突化解方法

在校园内建立早期调解计划可以给年轻人带来深远的影响，也能够影响他们的家庭和社区。建立计划的第一步是要了解早期调解计划的益处，同时掌握早期调解计划的技巧。最有效的方法是，教会教师为年轻人示范如何使用早期调解方法的技巧，在遇到困难时与他们的父母一起使用这些技巧。下一步是教会年轻人自己使用早期调解方法技巧，这样他们不仅能够学会化解冲突，还能提高自己的领导能力和沟通水平。

当年轻人学会这些技巧后，能令他们感到自己的能力大大增强。同样，赋予年轻人这些技能，帮助他们在冲突中相互支持，也能帮助他们从真正理解自己的人那里获得真诚的回应。父母和老师通过这样的方式解决问题，也是为他们树立了榜样，启发他们使用同样的方法解决自己的问题。

年轻人彼此沟通理解的方式独具一格。因为他们的脑前额叶皮质还未发育成熟，所以他们解决问题的方式与成年人不同，他们会更加依赖大脑中的杏仁体区域做出决定并解决问题。杏仁体与情感、冲动、攻击和本能行为有关。年轻人在尖锐的冲突中往往更容易做出这些反应。正因如此，在成年人看来愚蠢或不值一提的事情，往往成为年轻人眼中的冲突。认识到这一点，你就可以在孩子八九岁时教他们练习调解方法，解决日常冲突并支持彼此，这也是为他们在今后的生活中使用这些方法奠定基础。通过这样的方式，年轻人不再是问题的中心，而是调解方法的一部分。

经历过充满紧张感的青春期，包括青春期前期，年轻人就会成为化解冲突专家。他们可以利用这一优势在冲突中与对方产生同情心理，在某种程度上缓解冲突而不是令冲突加剧，最终化解冲突。更有利的一点是，年轻人学习新知识的速度比成年人更快（具体可了解牛津大学奈杰尔·恩普蒂奇的研究），因此也更容易接受对冲突的不同反应。通过教会年轻人调解技巧，帮助他们在冲突中管理自己，他们也能够教会不具备这些能力的成年人使用这些技巧。

【案例学习】

曾经有一段时间我在教几个 13 岁的青少年广泛倾听的技巧，包括总结和复述，与本书第十一步调解方法框架的内容一致。其中一个名叫艾丽莎的女孩与一个名叫比莉的女孩一起练习这一技巧。由于太难，最初艾丽莎无法复述或总结。

我向她演示我所听到的内容："我理解的是，比莉想好好表现，但是她拒绝写作业，因为她的妈妈总是不停地唠叨她。"比莉说："差不多。"艾丽莎加入进来说："不是，比莉说她需要别人帮助自己完成作业，但是不想让她的妈妈帮忙——她想让朋友帮忙，因为她的妈妈看不懂。"

这一案例说明，虽然我是处理冲突的专家，但是让具有相同感受的年轻人彼此倾听，更有利于发现问题的本质并找到潜在的解决方法。

发展同情和相互理解的能力

有研究表明，除非儿童或青少年不断地从身边的成年人身上获得共情反应，否则我们不能期望他们发展出类似的共情能力（请阅读玛格·萨瑟兰德的著作《困扰：帮助青少年讨论他们的感受》了解详情）。因此，如果尝试教儿童或青少年共情，首先需要让他们体会共情。这也强调了教会年轻人彼此有效共情的益处，因为如果他们有过类似经历，共情就会更容易。

建立信任

当年轻人发现自己的价值以及他们可以对社会有所贡献后，他们的自信心就会迅速提升，也会更加相信自己的能力。因为当对方感到被倾听或被理解时，能够立即表现出如释重负的神情或喜悦之情。他们也能意识到自己有能力帮助对方，也会找到如何有效帮助其他人解决问题的方法，并在这个过程中展示出自己未曾发现的技巧。年轻人将看到更加强大的自己并因此感到无比兴奋。

当萨沙开始学习冲突指导时，她在最初几节课上一直保持沉默。她不愿意参与课堂讨论，也不愿意分享自己的经历。

在复述和总结的课程中，她与自己的搭档练习。她很快就掌握了这项技能，也能清楚地理解如何使用这项技能，帮助自己指导同伴描述的问题，找到解决方法。

她还说，自己能够更加自信地表达想法，因为她知道如果自己与别人发生冲突，怎样做才能化解冲突。

发展谈判技巧

年轻人一般都具有良好的谈判技巧。父母经常教授他们这些技巧。当孩子要求购买万圣节服装时，父母会说，可以为他们的旧服装添置新配饰。或者，当父母要求他们写作业时，他们可能会问"如果我写完作业，可以吃糖果吗"。无论你怎么称呼谈判技巧——贿赂或谈判，孩子都会在不断试探边界的过程中早早学会。

孩子使用谈判技巧挑战父母或老师，所以我们往往不愿意因为这些技巧而赞赏他们。但是这些的确是非常实用的技巧。教年轻人使用不同的方式谈判，他们会感到非常兴奋，因为他们能够立刻发现，如果自己的谈判能力更强，就更有可能得到想要的结果。

发展谈判技巧也会让人们意识到自己的能力有限，他们需要在有限的空间内合理设置自己的期望值。一旦年轻人理解，谈判是一个结构化的过程，如果他们善于谈判，可能会获得更好的结果，他们就会对谈判的工作原理更感兴趣。他们开始明白如何表明自己想要的结果和更有可能获得的结果。最重要的是，原本被认为调皮或恼人的行为会得到肯定。这样，年轻人会逐渐习惯尊重对方的界限，增强自尊心。

创建早期调解计划框架

与工作场所的早期调解计划一样，在中学或大学内设立早期调解系统或方案需要结合学校的现有政策和目标。关键是，任何计划都需要特别关注儿童保护、健康和安全问题，尤其在学生相互指导时。我们可以告诉学生，在早期调解方法对话中，如果出现任何表明青少年处于危险的信息，他们都需要向老师或家长汇报。我们的系统也需要确保青少年可以随时获得支持，不应让他们感到自己需要为同伴承担过多责任。

①向老师传授冲突指导技巧

老师应当以身作则，向学生传达早期调解计划的关键信息。具体来说，老师需要有能力与学生进行以倾听为主，而不是以说教为主的对话。但是在规范纪律时很难做到这一点，因为在学校建立规则和界限对于确保组织结构安全十分重要。

因此我们需要思考如何将对话或冲突带离教室，带入时间压力较小和不被注意的环境中。在这样的环境中，老师需要有能力使用并示范我们提到过的关键倾听技巧和以真诚为基础的对话。

②发现并培训冲突指导员

冲突指导员是指接受过个人冲突指导技巧培训的学生，他们可以在实践中应用这些技巧，帮助同伴。这些技巧很可能与其他方案或同伴共同使用，或者由反霸凌行为专家提供。

③为冲突指导员提供反馈系统

如上所述，有效的冲突指导系统需要谨慎考虑儿童保护问题。确保冲突指导员获得所需的帮助和支持同样十分重要。与所有指导一样，当冲突指导员遇到难以解决的问题时也需要了解详情并逐步解决问题。一般来说这种反馈系统适用于求助论坛。

④向学校教职工以及管理人员示范如何处理困难对话

向学校教职工以及管理人员示范如何处理困难对话，看起来是一项艰巨的任务，因为协调大家的时间很难，证明需要花时间这样做也不容易。不过这种类型的培训可以十分轻松，它能够在展示如何处理困难对话的同时传递重要的信息和反馈。

以下示例展示了当父母对孩子在学校的表现感到不满，或父母需要支持时，我们对他们的初步回应。很显然，学校需要谨慎选择与父母沟通的信息和沟通方式。以下示例需要根据学校或校长的不同风格进行调整，并且一般不会以书面形式出现。不过下面的文字能够帮助你确定沟通重要信息的方式和基调。早期调解方法示范的沟通内容应当为合适的支持个人提供资源，这些个人可以是教师、年级长或校长。

家长谈话指南

当家长提出问题时，他们往往心情焦虑。而我们很难完全理解他们遇到的问题以及由此产生的各种情绪。他们经常在送孩子上学时提出问题，所以我们会倍感压力，希望尽快找到解决方法。

学校教职工或家长或许对某位家长处理问题的方法感到气愤，本能地希望尽快摆脱问题的纠缠。但是，这种方式往往会导致冲突升级，那位家长感到愤怒、不被理解、担心自己的问题不会得到解决，从而影响孩子当天在学校的表现。所以在最开始，我们应该：

· 明确问题的本质或家长要求的是什么？

· 了解自己的局限。

· 只保证自己能力范围以内的事情。

我能做的是……

如果你需要Y，请和【　】讨论

设置边界并关照自己

如果有家长在游乐场向我们寻求帮助，我们可以立刻帮助他们，因为我们能够理解这个问题对他很重要。但是我们有时并不能真正为当事人提供帮助：因为我们可能需要去上班或赶赴某个约会，我们或许正在担心自己的孩子。

如果是这样，我们非但没有帮助当事人，反而令他感到更加气愤和不被理解。如果我们没有时间，就没有必要假装可以提供帮助。如果我们勉强帮助，反而会因为时间仓促导致冲突加剧。

我们可以约定时间讨论他们遇到的问题，并且设置时间范围，确保讨论不会过长，便于安排自己的计划。

你可以问自己以下问题：

· 现在我是否有时间 / 有能力处理这个问题？

· 这个问题触发了我的什么感受？

· 我需要做些什么关照自己？

问家长他们现在是否有5分钟的时间讨论这个问题，或是另找更合适的时间讨论？

采用广泛倾听技巧和提问技巧

当你与家长确定了合适的时间或地点进行对话，请留意自己的倾听技巧和提问技巧。

第一步：倾听

缓和僵局最简单的方法是倾听，更关键的是在回应前了解对方的问题。我们在倾听时需要使用共情、总结、复述和沉默倾听等重要方法。我们可以问自己是否真正听到了家长的倾诉，是否能够不对他们所说的内容进行任何评判。如果家长总在重复同样的内容，说明我们可能没有真正理解他们，或是他们感到没有被倾听。在这种情况下，我们可以回应："你一直在重复……听起来这件事对你真的很重要。"这表明你明白这对他们来说是一个重要问题，但是也表明你不一定知道解决方法。虽然你希望帮助他们，但这仍是他们自己的问题。

第二步：他们希望得到什么结果以及如何得到这一结果

具体来说，当你需要表明，自己不一定能够找到解决方法时，可以使用开放式问题——什么、如何、哪里、哪个、谁。我们可以利用成长模型（为解决问题和设置目标而建立的），帮助他们了解自己需要做什么，以及他们可以在哪里获得帮助。

第三步：询问他们是否需要你的意见

当人们带着问题找到我们时，我们会自然而然地认为他们希望获得解决方法，希望了解我们的意见，但是事实往往不是这样。正相反，他们（还有我们自己）更希望有机会倾诉发生的事情，希望对方确认自己是正确的。在这种情况下，如果对方不希望我们提供帮助或解决问题，而我们这样做了，那么我们提供的实用信息往往会被忽视或被反对。这样反而会破坏我们的关系并带来新的问题。

处理类似情况的更积极方法是询问对方是否需要我们提

供意见。当他们知道你对问题有自己的想法时，就会希望了解你的想法是什么。使用这样的方式提供意见，对方更容易接受。同样，他们也可以明确表示不想知道。当他们这样表示时，说明他们只想了解自己的选择有哪些，而不是自己必须怎样做。这也提醒我们自己，我们不可能知道所有问题的答案。

第四步：跟进

在与儿童有关的难题中，父母或照料者一般容易情绪激动，希望感受到来自外界的支持。因此跟进问题是证明自己关心对方的有力手段，证明自己没有忘记对方倾诉的事情，虽然无法帮助他们解决问题，但是这件事情对你也很重要。

如果需要采取某些行动来解决问题，跟进也能确保你不会遗漏。我们可以通过轻松的方式表达，例如询问对方，"你是否有时间聊一聊"，或问"事情怎么样了"。

社区中的早期调解计划

经济合作与发展组织（OECD）将社会资本定义为，"在组织内或不同组织间促进合作的网络、行为规范、价值观和理念"。社会资本还可以被描述为社会关系为我们的幸福和成功带来的价值。换句话说，我们与社区和邻里之间的关系越融洽，我们就会越幸福，社区也会越成功。

也就是说，发展和支持社区的价值就是社会资本中经济发展的核心（如需了解详情，请阅读帕米拉·帕克斯顿的著作《美国的社会资本是否正在逐渐衰落？》）。更重要的是，发展和支持社区也是决定幸福度的重要因素（详见《幸福：改变发展格局》和《欧洲的社会资本和个人幸福》）。

毫无疑问，各种不同因素都可以对社会资本造成威胁，尤其当社区关系遭到破坏，促进合作的规范和理念发生改变时。它们可以是邻里间不同程度的分歧，例如原本关系融洽的邻居因为噪声问题而断绝往来。它可以破坏当地市政机构与慈善组织或服务供应商的关系，还会破坏决策者和社区的沟通，产生疏离情绪，减少团队意识，发生帮派暴力事件。

建立并维护社区内的关系，能够极大地推动社区的社会资本发展。为创建并增进社区凝聚力，我们需要明确关键个人或接触点，示范并实践早期调解方法的各项原则。与校园或组织内的示范相比，社区内的示范可能不会那么成功有效，但是依旧可行。你需要采取以下步骤，在社区内建立早期调解系统。

确定调解团队

第一步是确定社区内的关键部门和个人，他们经常遇到冲突。所以我们要了解社区内冲突的来源。这些人包括：

- 房屋协会的联络部门
- 社区团体及其伞状组织
- 宗教团体
- 基础医疗提供者和社区团体
- 学校领导
- 企业领导和企业主
- 当地政府代表
- 帮派首领
- 家长
- 市政机构成员
- 政治家

　　调解团队的核心成员来自以上团体，当他们更加了解早期调解方法的价值和选择后可以自行选举成员。这些成员代表的社区团体种类越广泛，他们就能越轻松地处理遇到的问题，创建平台，增加社区内的理解和关怀。例如，帮派首领可能拒绝加入，或者不信任帮助他们解决冲突的警察。但是在解决方法团队内引入帮派成员或曾经的帮派成员，可以更容易地开启真诚对话。没有人希望看到自己的朋友命丧帮派暴力事件，发生暴力的原因往往是因为没有其他选择。在这样的环境中赢得信任的调解代理可以为人们提供更多选择，建立信任。

展示早期调解方法的价值以及参与早期调解计划的选择

在某些情况下，人们很难联系到以上提到的团体或团体内的个人，或者很难对他们建立信任。正因如此，任何干预都需要向当事人展示掌握主动权的影响和机会。许多不同的潜在参与机会可以建立人们对早期调解方法的信任，为他们提供选择。

①重建公正

重建公正指的是，受害者有机会与施暴者见面或沟通，表明施暴者对自己的影响。重建公正也为施暴者提供机会承担自己的责任并弥补对方。研究证明，在重建公正的活动中每花 1 英镑就能节省 8 英镑，重建公正活动对减少再次犯罪和向受害者提供有形利益方面都有帮助。

或许不是所有人都有机会重建公正，重建公正取决于社区内的资金和基础设施，还需要经过培训的专业人士协助实施。但是它示范了早期调解的行为，如果在社区内广泛推广，很可能会带来社区文化的改变。

②向邻居推荐本地社区调解服务

房屋协会一般会使用这种理性的推荐方式。房屋协会的工作人员能够发现冲突，向冲突双方推荐调解服务。一般情况下，冲突双方可以先举行预调解会议，讨论并说明重要事项、他们希望获得的结果、希望如何处理冲突，还可以讨论调解的利与弊。

③处理社区冲突的协助论坛

协助论坛能够展示在社区内开展冲突对话的多项益处，探索处理冲突的不同选择。协助论坛的作用包括：

· 为开展困难对话提供安全的地点。
· 发现人们在社区内面对的主要问题，提供机会让人们表达自己对问题的想法。
· 发现社区内的影响人物，他们有动力解决冲突，因为冲突直接影响他们的生活。
· 提高人们对冲突调解方法的认识，提高冲突调解技巧。

因为这种类型的论坛会揭开人们的旧伤口，暴露现有问题，所以需要谨慎处理：

· 需要立即识别论坛成员间的事实冲突或潜在冲突并为其提供支持。
· 需要为这些冲突提供支持或调解资源，包括调解方法和个人冲突指导。
· 为人们提供早期调解技巧的途径应当是轻松的、易于使用且显而易见的。
· 需要明确并跟进后续行动，这是调解的开端，论坛成员也会感觉自己拥有主动权。

④应用动态解决方法

确认关键问题和有影响力的人物后，跟进后续行动十分重要。这意味着人们逐渐有能力使用调解技巧并且能够获得支持。以七大原则为基础的跨社区培训是应用调解技巧的可持续方法，同时还可以像前文提到的工作场所模型一样，引入个人冲突指导员和调解员。这样做不但可以帮助社区内的人们获得解决日常生活冲突的技能，还可以加深社区内人们对现有问题的沟通。不仅如此，当人们开始在七大原则的指导下应用常见的冲突调解方法时，就有可能扭转社区的观念、开始对话、解决分歧。

因为社区不一定是有组织的实体，所以在同伴的支持下学习交流个人冲突指导技巧和调解技巧，能够为基层处理日常冲突的个人提供所需的支持。通过这种方式，个人冲突指导员和调解员不但能够反馈自己的经验，还能吸取别人的经验教训。

第十章

原则 6：付诸行动
——在日常生活中应用冲突调解方法

如果我们能够克服恐惧和挑战，处理日常生活中与别人发生的小摩擦，就有机会改变与他们的关系。我们还能避免这些小摩擦和挑战导致的长期怨恨情绪。毫不夸张地说，如果我们能够成功处理生活中的冲突，就更有可能为别人做出示范，创建一个更加和平的世界。

在这一基础上，企业和企业员工需要意识到，个人责任和企业责任的出发点在于为我们自己的行为负责，为工作中产生的冲突负责，为我们在生活中与其他人的关系负责。

在个人关系中应用冲突调解方法

当我们成为冲突调解方法的倡导者和专家时，我们将会面对各种各样的个人挑战。如果我们不愿意承担自己在冲突中的责任，也就无法帮助别人解决冲突。当我们与他人共情时，我们不得不参与到这些冲突中来，如果我们做不到，别人就会认为我们只会"说教"，毫无诚意。同时，如果我们无法找到解决冲突的方法，或无法在冲突中坚持不懈地努力，承认冲突就会让我们感到脆弱无力。

无论我们计划使用什么方法成为冲突解决代理，都需要勇于承认生活中的冲突，愿意改变应对它们的方法。这样我们才能在困难中变得更加坚韧强大，也能更好地帮助别人化解冲突。当我们开始审视自己遇到的挑战时，我们经常会遇到各种障碍，它们往往通过以下方式表现出来：

· 认为自己在生活中没有任何冲突。

· 认为自己的冲突已经够多了，没有能力帮助其他人。

一般情况下，以上两种情况都不准确。如果我们认为自己没有任何冲突，往往就是回避冲突的表现，我们身边的人仍然可以感受到冲突，冲突也很可能在我们没有防备的时候突然显现。同样，我们在冲突中的无力感和承认冲突的挑战性，也能帮助我们增加经验，更重要的是提高我们的共情能力。

比琳达和安娜是姐妹，她们的父母年事已高，身体不好，所以需要多方面的照顾。安娜和比琳达一直十分亲密，但是在生活中选择的道路截然不同。安娜陪伴父母的时间比比琳达要长，而比琳达是一家跨国公司的高层管理人员。

安娜开始每天给比琳达打电话，要求她帮忙，还抱怨她做得不够好。安娜给比琳达发邮件，邮件中列出了各种链接，都是对父母有所帮助的内容。如果邮件中没有明确说明要求比琳达做什么，那她就不会回复邮件。她认为安娜对父母的事情大惊小怪，于是不再接听安娜的电话，因为她工作很忙，而且她认为与安娜联系越少，关系就越和谐。

这种情况持续了几年，结果并不理想。她们的父母最终相继离世，她们在父母的老房子里见面，讨论如何执行遗嘱。比琳达在房间里发现了母亲的一对耳环，母亲曾经许诺要留给她，所以她问安娜自己是否可以拿走。然而一向冷静的安娜竟然对她大喊大叫，指责她是自己见过最自私、最以自我为中心的人，她从未努力与自己建立沟通。比琳达感到无比震惊，她完全不知道如何处理这样的情况，如何修复和妹妹的关系。

如果我们对自己面对冲突的反应感到羞愧，可能就会错失化解冲突的机会。我们也没有能力帮助他人解决类似问题，因为我们甚至无法解决自己的问题。

强尼是一位成功的银行家，已婚育有三子。他管理着好几个大型团队，人们十分称赞和尊重他管理团队和人员的方式。3年前，强尼的妻子生下他们第二个孩子后便辞职在家。

与强尼同去一座教堂的人都十分信任他，他也非常愿意，也有能力为他们提供帮助。但是当强尼被裁员后，他失去了自信。他担心自己不能养家糊口，也为自己的未来感到担忧。强尼在家花了很多时间找工作。他的妻子找到了一份工作，于是强尼承担起更多家务和照顾孩子的工作。但是他发现，对于妻子可以出门工作，自己却只能待在家中这件事情让他感到非常气愤，每天的家务也让他力不从心。他开始频繁与妻子吵架，对孩子也越来越严苛。

强尼开始怀疑，如果自己连家庭生活都管理不好，如何才能再次去工作并管理团队。他感到自己是个骗子，假装是个善良能干的父亲，实际上甚至无法与家人好好沟通，不能获得家人的爱和尊重。他的羞愧感与日俱增，甚至长达3个月不再找工作，因为他认为所有雇主都会"识破"他的伪装，发现他根本不像表现的那样富有爱心。9个月后，强尼终于找到了工作，但是在此之前有3个月的时间他什么都没有干。

回归职场后，强尼发现自己更加理解并支持同事休产假和病假，也十分理解重新回到工作岗位的人。他成为公司最支持多元化管理的人。强尼的优势在于，认可自己的管理能力和价值，同时也承认自己的能力局限和弱点。他发现，在帮助其他人处理自己曾经遇到的问题时，自己也能从中学习新的知识，应用生活中曾经使用的技巧或建议他人使用的技巧。

CAN 清单

CAN 清单能够帮助我们每天进行快速个人检查，提高对冲突的**觉知**（Consciousness），**承认**（Acknowledge）冲突是触发改变和成长的机会，**即刻**（Now）采取行动。

当我们使用 CAN 清单时，我们就会更加重视原本易于忽略的问题。可能有人会问我们为什么需要这样做。这难道不是小题大做吗？事实恰恰相反，当我们化解了生活中的冲突，缓解了怨恨情绪，我们就能彻底摆脱它们，继续前进。如果没有这样做，这些冲突和情绪就像雪球一样越滚越大，直到阻碍我们与别人沟通，有时还会影响我们对自己的认知。它将不知不觉影响我们的决策过程，导致我们在工作中做出糟糕的决定，同时也会影响我们的家庭生活。

觉知

提高觉知，包括承认并接受恐惧（或我们与其他人的矛盾），承认并接受它们会以某种方式扰乱我们的生活。在这一阶段我们无须做任何事情，只要接受恐惧或矛盾的存在即可。我们越能清楚地认识到它的存在及其带来的后果，就越能深刻地意识到自己在其中的任务和责任。

承认

当我们承认冲突是触发改变的机会时，我们的思维方式就会发生变化，将冲突视为提升能力的机会，可能会带来更好的结果。当我们在现实中犯错时，我们的第一反应不是感到高兴。同样，当有人激怒我们，我们也不会感谢他。但是如果可以的话，我们需要给予自己机会改变局面，缓和矛盾，确保不会再面对类似的问题。

即刻

付诸行动中的"即刻"步骤强调的是，当我们承认冲突后，必须立即准备好，开始实践工作。我们无须马上开始行动，只需产生采取行动的意愿。

在我们提高觉知，承认冲突带来的机遇前，往往会迫不及待采取行动。但是如果我们没有深思熟虑，这时的行动很可能会脱离我们的控制。花时间思考如何行动可能会令行动更有效。例如，尝试先等待3天再回复某个令你不悦的人。一般来说，当我们这样做时，我们的想法会更成熟，能够更好地表达自己的立场、需求和感受。

解读行动的方式有很多。例如，我曾经听到有人说，调解就是坐在那里一动不动。同样，行动也包括寻求帮助。我们等待采取行动的时间越长，我们的选择就越多。行动不一定需要我们与对方对话或联系——而是自己发现解决问题的方法。最终，如果我们考虑对对方采取行动，我们应当确认是现在行动、随后行动还是干脆不行动。

提高觉知		承认冲突是触发改变的机会			即刻采取行动		
谁令我不悦或我害怕什么？	发生了什么？	曾经是否发生过类似事情？	我是否需要改变当时的某些做法？	这件事情是否在其他方面影响了我的想法或行为？	我是否需要帮助以及如何获得帮助？	我需要为自己做些什么？	我是否需要对对方采取行动？现在行动？随后行动？不行动？

在企业中应用冲突调解方法

作为企业领导，"付诸行动"可能包括，结合社区的现有方案，发展早期调解技巧作为组织内领导和管理的工具。

当企业与社区合作时，企业能够更加了解社区现状，同时社区也会发现，本地企业提供的帮助比自己想象的多。首先企业可以参与关于技能交换的方案，社区和企业成员为此做出的贡献会得到认可。基本上来说，这些方案在开始时都以实验为目的。我们不知道在这种情况下人们会做出什么反应，但是如果我们的初衷是在这样的关系中找到双赢结局，那就有必要建立这样的关系。

　　我们培训一些年轻人学习早期调解技巧，然后带他们去企业展示这些技巧。最初我们以为高级管理者已经具备这些技巧。但是他们承认，年轻人展示的倾听技巧与他们使用的不同，这也让他们有机会使用不同的方法倾听自己的客户，与客户共情。

　　这项活动也让企业高级管理者了解了年轻人在本地社区中遇到的冲突，促使他们开始思考，通过提供工作岗位帮助这些年轻人。这次交换学习为接受过高等教育的人提供了向本地年轻人学习的平台，也为这些年轻人提供了机遇。这样的平台本身立刻消除了"他们和我们"的概念，有机会在从未接触过的团队间建立社区凝聚力，加深彼此了解，促进企业和社区共同发展。

| 第十一章 |

原则 7: 使用安全网——当非正式冲突调解方法没起作用该怎么办

非正式冲突调解方法有时无法提供解决方案，那么我们就需要重新评估情况，考虑其他选择。在本书开头我们讨论了可行的替代选择。更加详细地思考这些方案，根据形势决定何时采用十分重要。

　　这样的思考过程或许需要耗费大量资金或应用多条原则，或许还需要专业人士或权威人士做出决定，才能解决冲突。当事双方还可能剑拔弩张，无法积极地沟通，需要第三种方式。

　　当你确定非正式解决方法没有作用时，需要考虑一系列问题。

明确你的法律立场

明确的法律建议是你做出选择的基础。法律专家永远无法告诉你一定有把握赢得官司。因为法律官司需要考虑各种细节，其中也包括对方的立场和证据。我们或许拥有强大的道德立场，但是这一立场可能不被法律支持。同样，我们或许一开始拥有强大的法律立场，然而却在劳动合同期间从事非法活动，这将大大影响我们的信誉。

从专业角度纵观全局，了解需要怎样做才能解决问题，或许会有所帮助，例如从法律角度判断，继续打官司是否对我们有利。

考虑听取其他专家建议

专家往往可以澄清问题，避免未来不必要的争吵。例如在边界纠纷中，测量员可以在边界上安装钢索，明确边界位置并设置边界标识。在建筑纠纷中，测量员可以判断建筑是否符合现有规范。或者在企业价值分歧中，分歧双方联合任命的法律会计师可以对企业做出估价。

虽然冲突双方有时会对专家的建议持不同意见，但是他们可以通过这样的建议更加乐观地审视冲突，彼此妥协达成一致。律师经常采纳专家的建议，但是我们需要在进入法律程序前后意识到这一点。

明确你的业务优先事务

在某些情况下，你的法律立场可能并不明确，但是从经济角度出发，你或许认为采用诉讼这样更加强硬的手段能够表明你对问题的重视。你或许还会认为，展现你斗争到底的决心和承担风险的意愿是值得的，希望借此威慑对方。

你可能还决定，为展示自己的实力，在开始时提起诉讼然后接受调解。或者你考虑，出于保护企业名誉，避免失去潜在机会或其他类似原因，不做任何争论，做出让步。

你可能会发现列出你的业务优先事务很有用。

明确你的财务优先事务

你的财务优先事务包括，是否能够承受输掉官司，如果你赢得官司，对方是否有能力赔偿你。你可以使用这一方法判断风险等级，将法律行为视为一项投资决定。在考虑财务优先事务时，请考虑诉讼占用的时间是你原本可以用于工作并创造收入的时间，或考虑起诉企业可能带来的连锁反应。

你可能会发现列出你的财务优先事务很有用。

_____

_____

_____

明确你的个人优先事务

我们常常自认为非常了解自己的优先事务，但是如果没有花时间把它们写下来，我们有时会做出回应性决定。

当我们列举自己的个人优先事务时，就能对此有更加清晰的认识，在决定的过程中严肃对待，而不是在事情结束之后才意识到自己的疏忽。

个人优先事务包括你是否有时间和精力提起诉讼，诉讼会持续多长时间，它将为你和身边的人带来怎样的影响。

坚决提起诉讼将对方绳之以法或许对你来说十分重要，是维护你的价值观和利益的重要手段。

虽然有时你感到十分气愤，但是需要找到其他方式解决问题，不希望牺牲你的精神和身体健康，或引发家庭矛盾，甚至对婚姻关系造成威胁。

你可以咨询亲人朋友的想法，谈一谈诉讼可能为他们带来的影响，告诉他们诉讼的目的和原因，提出对他们的期待。这样不仅能够帮助你做出决定，还能确保你做好充足的准备，坚持自己的决定。

如果你在一开始就对周围的人提出了期待，将所有相关人员融入整个过程中，让他们了解潜在的利益和牺牲，你就可以在这个过程中维护与他们的关系，使关系变得更加强大。

你会发现列举 3 个最重要的个人优先事务十分有用。

_____

_____

_____

写下最可能加剧冲突或缓和冲突的因素。

_____

_____

_____

这一问题很难回答，但是你需要牢记，许多冲突争论的焦点会随时间发生变化。

列举你应该做的任何可以缓解冲突的事情。

_____

_____

_____

_____

列举你也许会做的任何会加剧冲突的事情。

_____

_____

_____

_____

在这些情况下，当事人必须小心维护自己的权利，保证自己具有多种选择，避免做出巨大的妥协。

一旦我们进入正式流程，必将加剧冲突，除非已准备好缓解紧张局势的方法，否则当事双方的对立情绪很可能继续加深，冲突更加激烈，双方很容易迅速产生新问题。

【案例学习】

乔安娜和比尔与他们的邻居弗丽达和邓肯在房屋边界的问题上一直分歧不断。他们请测量员划定边界，但是测量员工作繁忙，过了一段时间才来拜访他们并出具了报告。

在这段时间里，为证明弗丽达和邓肯的停车位置在他们房屋边界以外，乔安娜和比尔在院子里安装了摄像头。

通过摄像头，乔安娜和比尔发现弗丽达在家里开设慈善组织，违反了限制性契约。比尔在邓肯家门口向他质问此事，邓肯推了比尔并命令他离开自己的院子。

警察最终介入此事，邓肯还起诉比尔骚扰自己。两家人的接触加剧了他们之间的矛盾，从此谁都不敢在晚上独自外出。

考虑调解

广义上讲，民事调解、商业调解或雇佣调解可以定义为法庭流程或仲裁流程的第一步。调解仍然是相对灵活的非正式流程，能够帮助当事人了解问题的战略性解决方法，包括相关事实和法律条款。它还会使用法律流程中的某些原则。

了解基本信息

当你考虑通过法律途径解决问题时，我们会建议你考虑调解。个人（民事）或企业（商业）之间产生分歧并可能进入法庭流程或仲裁流程，对于这种分歧的调解我们称为民事调解或商业调解。

这样的调解发生在法律流程的背景之下，因此更加正式。例如，人们经常雇用律师安排此类调解，并且通过律师代表他们的法律利益。

如果你与雇主或雇员发生了分歧，很可能导致工作关系的终结，这时应当考虑雇佣调解。

当你使用工作场所调解解决当事人之间的工作矛盾时，如果一方最终选择离开企业并考虑向企业提起诉讼或谈判，你也可以使用雇佣调解。

如果对方提起诉讼，你需要通知英国咨询与调解仲裁服务机构（ACAS），争取达成和解。和解与调解类似，但是更加具有方向性——和解员不是协助双方自己找到解决方法，而是提出解决方法并帮助双方达成协议。

雇佣调解一般会涉及相关法律条款，因此你应当寻求法律建议，了解你的选择、风险和机会。

调解会保密吗

在民事调解、商业调解和雇佣调解中，只有当事双方对调解员说的内容会被保密。

不过在这种类型的调解和相关对话中，各方也会签订协议，确保程序"不会损害任何一方的权利"。

也就是说在调解中，双方为化解矛盾而说过的内容和做出的努力，在调解不成功时不会用于对当事者造成不利影响。

不过请记住，信息一旦被透露，总有可能被对方利用，作为攻击你的武器。

调解是否具有法律约束力

在调解过程中达成的协议，法律效力与普通合同规定的法律效力相同。

当事双方可能于某日达成协议，但是随后违反了协议规定，在这种情况下他们可能对第二份协议产生分歧，但第二份协议或任何后续协议均可强制执行。

我如何决定是否调解

多数调解员非常乐意与你进行保密对话，探讨调解是否对你的情况具有帮助。

这样你就有机会与了解调解流程的人讨论你的问题。调解员一般是没有任何利益冲突的第三方，他能够为你指明寻求帮助和寻求建议的方向，还能在调解过程中或探索其他解决方法的过程中为你提供支持。

例如，如果与你发生冲突的一方不接听你的电话，也不回复你的邮件，那么你就很难使用调解方法，因此调解或许不是最佳选择，除非引入诉讼流程。

如果你不希望与对方面对面交流，调解员将与你探讨在调解中如何做到这一点。与所有有效的解决方法流程一样，保密对话能够帮助你思考问题的最佳解决方法，最终得到答案。

PART

第三部分

成功应用民事调解、
商业调解或雇佣调解

| 第十二章 |

开始进入调解流程

调解是找到战略性解决方法并继续应用七大原则的机会。我们越有效地使用七大原则，调解的结果就越好。成功的关键在于利用七大原则清晰思考，做出正确的决定。

我们不可能一一列举所有适合调解的问题，不过从本质上来说，它们一般是不需要法律意见的问题。虽然如此，哪怕需要法律意见时，调解也许能够确保人们接受这一意见，将其融入自己的日常生活，避免未来发生诉讼事件。

本章我们将关注考虑或正在使用法律或仲裁手段的问题，包括：

- 关于付款条款、合同履行、拒不付款、如何执行合同或是否存在违反合同、违反保修、违反担保协议的纠纷。

· 建筑合同，承包方要求付款，而客户要求完成工作，或开具分项工作发票。

· 业主、开发商和邻里之间的冲突，包括买卖权或估值的分歧，邻里间非法侵入、骚扰、噪声、破坏分界线的分歧，房东和租户之间房屋修缮和支付租金的分歧。

· 金融机构及其客户之间的纠纷，包括交易或金融工具问题、合规和监管问题。

· 个人与专业机构或政府机构之间的纠纷，包括个人意外伤害、财务损失或其他损失。

· 雇主和雇员（或前雇员）之间的纠纷，包括雇员控告雇主具有歧视行为或不公正解雇行为，雇主控告雇员违反承诺，窃取客户。

启动调解程序的手段有很多种，取决于当事双方是否拥有顾问，他们处于法律流程的哪个阶段。

在没有法律顾问的前提下进入调解流程

如果你没有法律顾问，那么你应当采取以下行动。

寻找一名调解员或调解服务机构

你可以为对方提供可选的调解员或调解服务公司，以及你收到的报价。你可以在司法部的网站上找到这样的公司以及注册调解员，他们对金额较小的纠纷有统一收费标准。

以尽可能透明的方式为对方提供信息，帮助他做出自己的选择。对方在选择的过程中拥有主动权，不会感到被强迫。如上所述，多数调解员或调解服务机构都会与当事人进行保密对话，帮助他们决定是否接受调解。确认是否能够进行保密对话很重要，保密对话可以令当事人感到拥有主动权和力量。

寻找合适的调解地点

有些调解可以通过电话进行。如果不使用电话，那么至少需要 3 个房间（当事双方各一间，第三间用于调解员在需要时与双方共同讨论）。调解员或调解服务机构将安排或告知调解地点，不过一般会产生相关费用。

确认调解时间

最好提供 3 个或 4 个时间选择。一般情况下，当你决定进行调解时，最好尽快开始，避免冲突升级。

邀请对方参与调解

邀请可以非常正式。最好添加标注："在判决赔偿责任前不得用于损害任何一方利益。"以此表明你诚挚地希望解决问题，但是并不代表承认自己有过错。"在判决赔偿责任前"意味着决定不接受调解可能会导致对方支付罚金。

【案例学习】

詹姆斯太太和凯内菲克太太在土地边界问题上存在分歧。詹姆斯太太在 2014 年邀请凯内菲克太太接受调解，但是凯内菲克太太拒绝了。2017 年她们就这一问题达成了赔偿协议，当时詹姆斯太太的法律服务费用和其他费用共 8 万英镑，而凯内菲克太太的费用共计 2.5 万英镑。

法庭判决凯内菲克太太赔偿詹姆斯太太 5 万英镑，原因之一就是 2014 年她们就可以在这一问题上达成相同的协议。

以下是调解邀请的示例文本。应该注意的是，这种类型

的信函有时会带有威胁口吻，比如，如果没有在特定的时间内同意调解，发信人就会将收信人告上法庭。以下示例并未包含此类内容。

在判决赔偿责任前不得用于损害任何一方利益

亲爱的【　】：

关于：我们合作关系的纠纷

在我们【讨论／通信】后，为达成对彼此都有利的协议，我建议我们就此事接受调解。

我联系了司法部网站上提供的【调解服务机构】。他们【推荐了 3 位调解员，附件是具体介绍】，或【确认】他们【在法庭调解体系内工作，将根据我们的情况推荐他们的调解员】。他们告诉我，你可以单独与他们进行保密对话，了解调解流程并决定是否接受调解。

调解费用为【　】英镑，外加增值税【　】英镑／当事人／小时。

我在【　】有时间进行调解。如果你决定接受调解，请告诉我选择以上哪个日期，或提供你可以接受的日期选择。

此致

敬礼！

【署名】

【日期】

在法律顾问建议下进入调解流程

当你向法律顾问咨询案件时，他们一定会告知你案件的优势，以及是否、何时和如何进入调解流程。他们考虑的因素包括：

- 如果案件的某个特定部分在早期得到调查或证实，你是否有可能在调解中获得更多赔偿？
- 开启诉讼流程，展示你的强硬态度和决心是否为更优选择？
- 你是否有可能在法庭上获胜？
- 诉诸司法手段产生的费用是否可能超过索赔金额？

我从未听说哪位律师向客户保证，打赢官司的可能性会超过70%。诉讼就是一场赌博。虽然如此，多数认为客户胜率较高的律师会尽可能地劝说客户提起诉讼，并在诉讼的各个环节为客户提供战略性建议和法律意见。

与律师合作时，最重要的是自己做出决定并判断优先事项，然后在这一前提下听取法律意见。如果你不这样做，就可能低估诉讼的费用，也会低估在你败诉的情况下需要支付给对方的费用。

约瑟夫与威尔产生了股东纠纷。约瑟夫提出诉讼，而威尔为了节省费用，直到诉讼流程后期才指定律师。约瑟夫的律师最初提出调解，但是威尔拒绝了调解提议，因为他认为对方是在吓唬自己，自己胜算的把握很大。

为期5天的庭审即将开始前，威尔才雇用了律师。律师告诉威尔，他的胜算概率不错，大概有70%。威尔已经花了2万英镑，在审讯结束前还可能再花6万英镑，律师说这些费用很可能不会得到赔偿。约瑟夫已经花了10万英镑，诉讼产生的费用大概还有3.5万英镑。

在调解时，约瑟夫和威尔就企业的某些发展事项达成了一致，虽然并不完美，他们还是找到了合作方式，但是约瑟夫要求威尔为他支付7万英镑的费用。威尔认为约瑟夫无理取闹，所以对这个提议勃然大怒。但是他随后意识到，如果让法官来决定赔偿金额，风险更大，于是决定赔偿约瑟夫5万英镑。

当我们赢得官司时，有时反而会因为结果对对方、对我们的生活和工作产生的影响而后悔。

安德鲁是一家中型应用程序开发公司的联合总监，该公司发展极为迅速。

一名员工指控另一位联合总监——马尔文对她进行性骚扰，并指控公司违反合同，安德鲁和马尔文决定坚决还击。

在诉讼过程中，一家公司联系安德鲁，表达了收购意图。但是由于诉讼影响，潜在的买家担心该公司或许曾经遭遇过类似指控，于是决定暂停收购。

公司最终成功赢得了官司。然而在诉讼中安德鲁看到员工承受了巨大的精神压力，他感到十分难过，而这样的精神压力也是导致员工败诉的原因之一。

诉讼结束后，公司又出现了不少关于马尔文行为不端的传言。安德鲁发现公司和员工间原本的信任感遭到了破坏，在公司内越来越难建立积极上进的氛围，推进工作发展。

| 第十三章 |

调解的准备工作

调解是十分灵活的过程，多数调解员会告诉你，没有任何两个调解过程是相同的。但是，记住调解的某些通用实践原则会对你有所帮助。

　　一般来说，调解的过程由调解员管理。他们会倾听当事人描述事情发生的经过，但最终还是会本着为当事双方服务的原则进行调解，根据调解过程做出决定。讨论的内容和优先事项很大程度上由当事人和他们的顾问决定，但是何时、如何讨论这些事情由调解员决定。

　　在这样的前提下，民事调解、商业调解和雇佣调解的流程一般如下所示。

预调解

在预调解中，调解员与当事人和他们的顾问进行简短对话，讨论对他们最重要的问题。除此之外，当事双方和调解员将考虑邀请合适的人员参与调解，做出有效的决定，并在可能的情况下达成可持续协议。

为使调解效果最大化，调解会议当天就需要做出最终决定。例如，如果商业合作伙伴是做出最终决定的关键人物，那么他们需要参与调解，或至少能够通过电话参加。同样，如果赔偿范围需要董事会同意，那么董事会需要在调解会议前确定赔偿范围，并确定超出范围多少需要再次讨论。

在大多数调解过程中都会出现双方未曾考虑过的问题，因此在调解中拥有一定的决策权，节省咨询关键人物的时间，能够有效提升调解效率。

在预调解中还需要决定法律顾问的类型和参与程度，例如雇佣整个律师团队参与全部调解过程，还是在调解结束时与法律顾问通电话，或根本不使用法律顾问。

最后，当事人还需要考虑是否邀请或要求家庭成员或朋友参加调解过程。当调解达成的协议会对整个家庭造成影响时，这样的考虑十分必要，但同时当事双方也要小心，邀请家人朋友参与可能会制造不必要的对立情绪，或偏离主题。

充分准备

当事双方准备得越充分，调解流程就越能充分发挥作用，发生意外事件的概率也就越低。以下问题旨在确保当事人的准备工作重点突出、效果实用：

请列举出所有主要相关文件，或单独制作文档列举。文件包括法院文件、证人陈述和重要通信。如果律师参与其中，需要双方同意后向调解员发送这些文件。

_____

_____

你和对方的主要立场和论点分别是什么？请尽量按照从强到弱的顺序排列。

	你的立场/论点	他们的立场/论点
责任		
申诉/反申诉金额		
责任成本		

_____

_____

_____

请列举已经发生的费用、预计发生的费用以及法律咨询或保险可能对这些费用产生的影响。

	你	对方
迄今为止发生的费用		
审讯费用		
预估可能收回的费用		
保险的影响		
法律咨询的影响		

若问题得不到解决会对你造成什么后果？

_____

_____

_____

如果问题得不到解决会对对方造成什么后果？

_____

_____

_____

你认为对方的解决方法有哪些?

_____

_____

_____

这一问题可能带来什么潜在机遇（包括你认为不可能发
生的问题）?

_____

_____

_____

民事调解、商业调解或雇佣调解

调解员一般会安排当事双方分别来到各自的房间，然后
与双方及其顾问（如果有的话）讨论如何开展当天的调解流
程。当事双方可能会共同参加联合会议，或分别参加会议，
在单独会议中，调解员会与顾问和专家一起或自己为当事双
方提供协助。

明确问题和原则的过程

调解员将帮助双方明确问题和原则。

哪怕在诉讼过程中所有事情都十分清晰明了，当我们面对冲突时，还是会发生许多令人困惑的问题。调解员能够帮助双方根据这一过程中确定的优先顺序，辨别相关问题和不相关问题。他们还将帮助当事人决定希望透露和不希望透露给对方的信息。

调解员将分别与当事一方和当事双方明确争论的问题。一方的原则问题往往与对方毫不相关，但是这可能成为达成一致的关键因素或破坏因素。因此我们需要确保调解员和当事人优先考虑看起来并不重要，但是对某一方十分重要的问题。

随后调解员将判断是在单独会议中讨论这一问题，还是在联合会议中讨论，确认解决问题的最佳方法。这样，当事双方更有可能在调解过程中解决所有问题。

探索问题

当调解员与双方明确矛盾所在后，他们将给予当事人反思的机会，并在必要时宣泄自己的情绪，然后帮助他们根据优先级，将问题排序并缩小问题范围。

谈判并开发选择

当事双方明确整体问题后，调解员将开始挖掘双方能够

达成一致的潜在事情或事实，无法达成一致的事情，以及可能
达成一致的事情。

这时双方应当尽可能真实地告知调解员谈判的调整区间，
这样调解员才能全面了解可能达成一致的范围。随后调解员将
与当事人及其顾问谈判，帮助所有人获得最佳结果。

做出决定

当所有人到达最终阶段后，他们将确认自己是否愿意或
准备好就某些问题或全部问题达成一致。如果他们已经确
认，调解员将与双方共同努力，确保达成 SMART 协议——
明确的、可测量的、可实现的、切合实际的以及具有时限的
协议。

最重要的是，这样的决定能够得到当事双方的认可。调
解是一个独特的过程，在这一过程中，当事人有机会了解全
局，思考自己的选择。在调解后，这样的机会就会消失，双方
达成一致或同意对话的态度甚至也有可能消失。虽然如此，协
议的可持续性仍然十分重要，为确保可持续性，哪怕已经做出
决定，调解员还会严格测试当事双方，查看他们对决定的承诺
是否有效，确保协议可以持续。

我曾经为一对邻居调解纠纷。他们曾经是朋友，但是由于噪声问题已经很久不与对方说话了。在调解结束时，他们同意做出改变。

调解结束后，我偶然在公交站看到他们并排站在一起谈笑风生。从调解员的角度来看，这说明协议的效果很好，可以持续下去。

结束和跟进

在调解过程中和结束后都可能发生许多事情，所以调解员的宗旨是"做好意外随时发生的准备"，尤其是当事人的性格问题是冲突的一部分时。正因如此，双方达成的协议需要尽可能全面，并且应当在协议中说明，如果事态没有按照预计的发展该怎么办。

例如，邻里或许同意正式遵守关于边界的规定——不与对方交谈——但是他们也应当考虑需要与对方说话时该怎么办，例如一方院子里的树倒在了另一方的院子里。

在某些情况下，调解员会在调解结束后继续跟进，解决双方履行协议时发生的某些问题，就更加详细的沟通方式达成一致。调解员还会帮助双方就协议后发生的某些情况达成一致，找到继续履行协议的方法。

第十四章

成为调解员

在人们经历过调解或接受过相关培训后，他们往往得到启发，考虑成为一名调解员。参加过邻里调解课程后（许多人以为我参加的是冥想课程），我就意识到这是我想从事的职业。不过如果你希望在民事调解、商业调解、雇佣调解和工作场所调解中有所建树，还有一条很长的路要走。

调解是一门相对较新的职业，因此需要考虑许多因素。对于某些人来说，调解员和解决冲突的专业人士需要全职工作。而对于另一些人来说，接受调解培训，全面了解调解工作的原理能够为他们的本职工作带来帮助。还有一些人把调解当作管理工具，在需要时随时使用。

接受培训，成为调解员

　　根据不同的调解类型，培训也各有不同，例如民事调解和商业调解、雇佣调解、工作场所调解和邻里调解。同样，调解目的也会影响你的培训选择，例如，你调解的纠纷已经进入法律流程或可能进入法律流程，或者你的调解目的是维持工作或生活中的某种关系。

　　不同类型的调解实践方法和技巧都相通，只是侧重点不同。例如，精通民事调解和商业调解的调解员不一定善于在各方之间建立对话，而谈判经济赔偿协议不一定是工作场所调解员的专长。你在一个领域接受培训后，可以随时扩展至其他领域。不过，当你开始接受培训时，请思考你最可能开展调解工作的领域，以及你的客户大多来自什么领域。

获得经验和持续不断的支持

　　完成理论培训后，在独自开展工作前，你需要获得调解工作的实践经验。观察不同调解员的工作过程，为他们提供协助，留意实践中可能出现的各种问题十分重要。如果客户同意，多数民事调解员和商业调解员都很乐意让你在他们身边学习并协助他们工作。

　　在工作场所调解或邻里调解中，有一种称为"共同调解"

的方法，当事双方的调解员共同合作，往往能够帮助你建立良好的基础并获得丰富的经验。在这种情况下，你需要向更有经验的调解员学习，接受他们的指导。

调解员不断发展职业技能的关键在于与其他调解员分享经验，回顾自己的工作。在调解后，调解员需要反思的主要问题包括：

- 调解的主要阶段有哪些？
- 哪些调解技巧尤其有用？
- 转折点是什么？
- 如果可以重来，你会做出哪些改进？
- 你认为需要提高哪些技能？
- 如何做才能提高这些技能？

你可以与其他调解员一起回顾调解分析，了解他们对调解过程以及调解分析的看法。例如，我们有时可以使用不同的方法，但是这样的改变不一定会对结果带来任何改变，还可能引发新的问题。他人的视角可以帮助我们更加了解自己的处理方法，从中学习，获得进步。他人的视角还能不断提醒我们，作为调解员，调解的结果永远是当事人的选择，我们认为更好的结果只是我们的主观想法，这很可能是错的。

一个组织内一般拥有多名调解员，实践回顾是相互学习和发展技巧的好机会，也是确保良好实践的重要工具。实践回顾还可以为组织内的管理实践提供主题，以匿名保密的方式反馈。

发展你的实践工作

发展实践工作的关键是在有效的调解工作基础上不断进步。这并不意味着你在开始时就必须大量地从事调解工作，而是应当在遇到合适的环境时应用七大原则和调解技巧，在合适的时机实践调解的思维方式，展示调解方法的效果，从而在调解过程中建立信任。

实践和经历对于建立自信和获取广泛的冲突经验至关重要，而这样的实践和经历以及调解过程有时并不完美。

事实上与建立任何事业一样，你的客户和你的知识同等重要。许多人喜欢选择对某一领域有丰富经验的调解员，因此如果你专注于这一领域发展，对你的调解实践工作会更加有利。

观点的作用也十分强大，许多人认为你需要成为某一领域的专家，才能在该领域从事调解工作。然而事实上，虽然你需要了解某个领域的相关概念，但无须成为专家。正相反，你需要采纳该领域专家的观点，将自己的观点排除在外。虽然如此，如果你的客户希望你具有某个领域的背景，那么你在调解过程中就会获得他们的信任，而信任是帮助他们化解冲突的关键。

发展实践工作需要你向其他人传授调解的理念，帮助他们了解调解对生活和工作的益处。发展实践工作还需要不断扩展你的调解专业知识，在冲突中应对你的个人挑战和职业挑战。

如果你是在某个特定领域工作，那么也需要不断学习该领域的专业知识，和该领域的专家建立良好的关系，与他们沟通调解的益处。你还可以与他人建立战略联盟，帮助他们更好地完成自己的工作。这样人们就会逐渐将你视为该领域的专家，你也可以因此建立自己的声誉。

毫无疑问，在调解冲突领域工作、帮助他人简化原本十分困难的对话和谈判非常具有成就感。不过这份工作的责任同样十分重大，尤其是我们必须时刻谨遵以下指导原则：

- 留意你希望解决问题的冲动，认识到它们提供的答案不一定有所帮助。
- 永远牢记，最有效的解决方法始终源于当事双方，只要他们愿意就一定能够获得解决方法。
- 调解员不是权威，而是当事人信任的协助者。
- 不是所有人都希望马上解决他们的冲突，有时他们甚至根本不想解决。
- 抓住一切机会，利用你自己的冲突不断学习和提高。
- 在需要时寻求他人的帮助，也随时准备好帮助他人。

附　录

| 附录 1 |

员工调查问卷

非常感谢你参加问卷调查。本调查问卷旨在评估你在组织内的个人冲突经历。我们认为冲突是日常生活的常见组成部分，它可以是不同的观点，也可以是沟通彻底破裂。

某些问题的答案或许对你显而易见，不过还是请你回答全部问题。

当我们收集全部调查问卷后，我们将考虑如何将冲突转化为机遇，帮助大家学习进步，因此在这一过程中你的贡献弥足珍贵。如需了解详情，可以联系【 】。

该调查问卷的内容完全保密，希望你诚实回答所有问题。

以下问题中有多选题。

1. 你的组织内是否拥有解决分歧和化解冲突的正式流程？
□有
□没有
□不知道

2. 你的组织内是否拥有解决分歧和化解冲突的非正式流程？
□有
□没有
□不知道

3. 如果你的组织内拥有解决分歧和化解冲突的非正式流程，请简短描述你对它的理解。

_____

_____

_____

4. 当你在工作中与同事发生冲突时，你会：
□直接与对方解决问题
□寻求组织内其他人的帮助解决问题
□保持沉默
□报复／反击
□与对方对话

□与人力资源部门讨论此事

□提出申诉

□与律师 / 企业的法律团队讨论此事

□与工会讨论此事

□与英国咨询调解与仲裁局（ACAS）讨论此事

□休病假

□考虑休病假

5. 你在组织内工作时是否有过以下经历？

□感觉被打击

□因为其他人而无法开展自己的工作

□无法 / 不愿意与同事说话

□与同事发生严重冲突

□以上都没有

6. 如果你有过问题 5 的任何经历，请尽量详细说明事情经过以及它对你的影响。

_____

_____

_____

_____

7. 当你在工作中与同事发生矛盾或冲突时，你认为是否成功解决了问题？请解释你的回答。

_____

_____

_____

8. 当你在工作中与同事发生矛盾或冲突时，在你看来，对方是否认为成功解决了问题？请解释你的回答。

_____

_____

_____

9.为了避免争论，你是否曾向老板或同事隐瞒信息（例如，隐瞒坏消息）？

☐有

☐没有

10. 在你看来，你的组织内为何会产生分歧？

☐缺乏沟通

☐无效的沟通方式（如果是这样，请在下面说明，例如大喊，彼此不说话等）

☐其他（请举例）

11. 以下哪个（或哪几个）选项能够最准确地形容公司领导处理内部冲突的方式？

□合作（例如共同工作／解决问题）

□通融（例如牺牲自我利益或建立引发怨恨的协议）

□回避（例如置之不理）

□强硬（例如大喊或威胁）

□妥协（例如解释、给予与获取益处）

12. 当你在工作中发生冲突时，你会

□更加努力工作

□不再努力工作

□与之前相同

□在工作时担心冲突的后果

□因为担心冲突的后果而失眠

13. 如果你决定离开组织，你这样做的主要原因是什么（请详细说明，例如，如果原因是压力，请说明导致压力的原因）？

_____

_____

_____

14. 如果你在工作中遇到了冲突，是否愿意向领导倾诉此事？

□非常愿意

□一般愿意

□不愿意

□不适用

15. 如果你在工作中遇到了冲突，是否愿意向人力资源部门倾诉此事？

□非常愿意

□一般愿意

□不愿意

□不适用

如果你在工作中遇到了冲突，你愿意与谁讨论此事？

_____

_____

| 附录 2 |

总监／团队领导调查问卷

非常感谢你参加问卷调查。本调查问卷旨在评估你在组织内的个人冲突经历。我们认为冲突是日常生活的常见组成部分，它可以是不同的观点，也可以是沟通彻底破裂。

该调查问卷由两部分组成，用以确认组织内的沟通质量和沟通对你的效果。

该调查问卷的内容完全保密，希望你诚实回答所有问题。

某些问题的答案或许对你显而易见，不过还是请你回答全部问题。

当我们收集全部调查问卷后，我们将考虑如何将冲突转化为机遇，帮助大家学习进步，因此在这一过程中你的贡献弥足珍贵。如需了解详情，可以联系【　】。

以下问题中有多选题。

1. 在上一财年，你花在申诉、训导和员工诉讼 / 仲裁上的平均时间有几天？

☐ 0

☐ 1—5 天

☐ 6—10 天

☐ 11—12 天

☐ 超过 20 天

如果多于 20 天，请说明具体天数：＿＿＿＿＿＿＿＿＿

2. 为量化冲突导致的真实成本，请选择你的年平均收入。

☐ 0—4 万英镑

☐ 4 万—8 万英镑

☐ 8 万—12 万英镑

☐ 12 万—16 万英镑

☐ 16 万—200 万英镑

☐ 超过 200 万英镑

3. 在你看来，企业运营是否受到内部分歧和内部冲突影响？如果有，影响有哪些？

＿＿＿＿＿＿＿＿＿＿＿＿＿＿＿＿＿＿＿＿＿＿

＿＿＿＿＿＿＿＿＿＿＿＿＿＿＿＿＿＿＿＿＿＿

＿＿＿＿＿＿＿＿＿＿＿＿＿＿＿＿＿＿＿＿＿＿

4. 你认为内部冲突是否对企业造成了或可能造成经济损失？如果是，请列举损失具体情况。

_____

_____

_____

_____

5. 你认为内部冲突是否会对企业的未来造成影响？

☐ 会

☐ 不会

6. 如果问题 5 的答案是"会"，请详细说明。

_____

_____

_____

_____

7. 你是否曾请人力资源部门协助解决冲突？

☐ 是

☐ 否

8. 如果问题 7 的回答是"否"，请说明原因。

_____

_____

_____

_____

9. 如果问题 7 的回答是"是"，人力资源部门的协助是否成功？请详细说明。

_____

_____

_____

| 附录 3 |

法律 / 人力资源 / 财务部门
领导调查问卷

非常感谢你参加问卷调查。本调查问卷旨在评估你在组织内的个人冲突经历。我们认为冲突是日常生活的常见组成部分，它可以是不同的观点，也可以是沟通彻底破裂。

该调查问卷由两部分组成，用以确认组织内的沟通质量和你对沟通效果的看法。

该调查问卷的内容完全保密，希望你诚实回答所有问题。

某些问题的答案或许对你显而易见，不过还是请你回答全部问题。

当我们收集全部调查问卷后，我们将考虑如何将冲突转化为机遇，帮助大家学习进步，因此在这一过程中你的贡献弥足珍贵。如需了解详情，可以联系【 】。

以下问题中有多选题。

1. 去年一年你的企业收到了多少起申诉（请选择是财务年度还是自然年度）？

☐ 0 起

☐ 1—5 起

☐ 6—10 起

☐ 11—20 起

☐ 21—30 起

☐ 31—40 起

☐ 41—50 起

如果超过 50 起，请说明具体数量＿＿＿＿＿＿＿＿＿＿

☐ 财务年度

☐ 自然年度

2. 请在下表中选择申诉的具体类型和数量。

类型 ＼ 数量	0	1—5	6—10	11—20	20+
霸凌 / 骚扰					
种族歧视					
性骚扰					
同薪同酬					
变相解雇					
其他					

3. 请在下表中选择各阶段的申诉数量分别是多少。

数量 类型	0	1—5	6—10	11—20	20+
以非正式手段解决申诉					
正式会议讨论申诉					
寻求独立第三方的帮助（不包括调解）					
调解					
上诉					
仲裁					

4. 去年一年你的企业发起了多少次训导（请选择是财务年度还是自然年度）？

☐ 0 次

☐ 1—5 次

☐ 6—10 次

☐ 11—20 次

☐ 21—30 次

☐ 31—40 次

☐ 41—50 次

如果超过 50 次，请说明具体数量_____

☐ 财务年度

☐ 自然年度

5. 请在下表中选择各阶段的训导数量分别是多少。

类型＼数量	0	1—5	6—10	11—20	20+
以非正式手段解决问题					
正式会议讨论问题					
寻求独立第三方的帮助（不包括调解）					
调解					
上诉					
仲裁					

6. 去年一年用于解决员工申诉或训导的外部法律服务费用是多少（请选择是财务年度还是自然年度）？

☐ 0—5 千英镑

☐ 5 千—1 万英镑

☐ 1 万—2 万英镑

□ 2 万—5 万英镑

□ 5 万—10 万英镑

□ 10 万—25 万英镑

□ 超过 25 万英镑，请说明具体金额＿＿＿＿＿＿＿＿＿＿

□ 财务年度

□ 自然年度

7. 去年一年与员工申诉或训导相关的经济和解支出是多少（请选择是财务年度还是自然年度）？

□ 0—5 千英镑

□ 5 千—1 万英镑

□ 1 万—2 万英镑

□ 2 万—5 万英镑

□ 5 万—10 万英镑

□ 10 万—25 万英镑

□ 超过 25 万英镑，请说明具体金额＿＿＿＿＿＿＿＿＿＿

□ 财务年度

□ 自然年度

8. 请回忆你参与过的具体案例。管理人员（例如，人力资源经理）花在内部讨论、董事会汇报、员工汇报、与律师通话或会面的时间有多少小时或多少天。

_____

_____

_____

9. 在问题 8 答案的基础上，请按照以下公式计算内部管理时间成本：

人员 1 的小时工资（＝年薪 /365/8 × 花费小时数）

人员 2 的小时工资（＝同上）

人员 3 的小时工资（＝同上）

人员 4 的小时工资（＝同上）

人员 5 的小时工资（＝同上）

总金额：

按一天工作 8 小时计算，将以上总金额除以花费小时数或天数。单个典型案例的内部管理时间成本大概为多少？

_____

_____

_____

10. 是否有员工由于工作中的冲突或分歧而临时休病假或长期休病假？

☐ 有

☐ 没有（直接前往问题 13）

11. 如果问题 10 的回答是"有"，请说明休假天数。

_____

_____

_____

12. 如果问题 10 的回答是"有"，那么他的工作损失时间价值是多少？（请参考问题 9 的计算方法）

_____

_____

_____

13. 在你看来，组织是否因为内部冲突而遭受重大损失。例如，是否因为内部冲突而产生经济损失或丧失商业机会？

_____

_____

_____

14. 组织内的冲突是否曾经对客户或利益相关方造成过损失？如果有，请说明事情的经过以及你认为此事带来的风险和／或后果。

_____

_____

_____

| 附录 4 |

客户 / 利益相关方调查问卷

非常感谢你参加问卷调查。我们希望提升你与【组织名称】内部和外部的关系，改善我们处理冲突的方式，例如与员工、客户和利益相关方的冲突。

我们认为冲突是日常生活的常见组成部分，它可以是不同的观点，也可以是沟通彻底破裂。我们希望将冲突作为学习和成长的机会。

该调查问卷的内容完全保密，希望你诚实回答所有问题。如果你有任何问题，请联系【　】。

某些问题的答案或许对你显而易见，不过还是请你回答全部问题。

1. 你与我们合作多久了？

☐ 0—1 年

☐ 1—3 年

☐ 3 年以上

2. 与【组织名称】的员工沟通时，你是否感到过生气、沮丧或愤怒？

☐ 有

☐ 没有

3. 如果问题 2 的回答是"有"，请说明具体原因和事情经过。

_____

_____

_____

_____

_____

4. 你与【组织名称】的联系是否令你更加希望与我们合作？

☐ 希望

☐ 不希望

☐ 没有变化

5. 你是否告诉过其他人，你与【组织名称】的沟通或关系令你感到不悦？

_____

_____

_____

6. 你是否因为不喜欢我们的员工与你的沟通方式而不建议你的朋友与我们合作？

_____

_____

_____

7. 我们应该如何改进处理分歧或问题的方式？

_____

_____

_____

掌握化解冲突的七大原则，
高效沟通，寻求合作共赢。

The Seven Principles of

Conflict Resolution

版权登记号：01-2021-4574

图书在版编目（ＣＩＰ）数据

化解冲突：有效沟通七大黄金法则 / (英) 路易莎·
温斯坦著；王昭昕译. —北京：现代出版社，2021.9
ISBN 978-7-5143-9227-2

Ⅰ. ①化… Ⅱ. ①路… ②王… Ⅲ. ①人际关系－言
语交往－通俗读物 Ⅳ. ①C912.13-49

中国版本图书馆CIP数据核字(2021)第157598号

化解冲突：有效沟通七大黄金法则

著　　者　　[英]路易莎·温斯坦
译　　者　　王昭昕
责任编辑　　赵海燕　王羽
出版发行　　现代出版社
通信地址　　北京市安定门外安华里504号
邮政编码　　100011
电　　话　　010-64267325　64245264（传真）
网　　址　　www.1980xd.com
电子邮箱　　xiandai@vip.sina.com
印　　刷　　三河市国英印务有限公司
开　　本　　880mm×1230mm　1/32
印　　张　　9
字　　数　　180千
版　　次　　2021年10月第1版　2021年10月第1次印刷
书　　号　　ISBN 978-7-5143-9227-2
定　　价　　45.00元